사라지는 발자취를 찾아 떠나는 여행

만주를 가다

만주를 가다
박영희

삶이 보이는 창

사랑하는 딸에게 들려주는 이야기

만주를 가다 차례

만주리

작가의 말 8

겨울 여행 11

용정에 가다 31

청산리를 가다 91

장수에서 129

연길에서 22

도문을 가다 63

세 나라 국경
방천을 가다 107

흑룡강성

만주리에서 167

백두산을 가다 139

단동에 가다 223

장춘에 가다 201

하얼빈에서 149

목단강

심양에서 235

집안에서 211

장춘

길림성

목단강에서 181

도문
훈춘
연길
용정

참고도서 245

백두

심양

집안

단동

작가의 말

내 나이 스물다섯, 그해 여름을 잊을 수 없다. 꽃 피는 봄날에 막일을 해서 모은 돈으로 여권을 장만한 나는 설레는 가슴으로 현해탄을 건넜다. 일본에 아는 사람은 물론이고 소통마저 불가능한 첫 이국 여행이었다. 하지만 그런 것들은 크게 문제되지 않았다. 그가 어느 나라의 국적을 갖고 있든 우리는 필시 '사람'이었다. 내 이국 여행의 희망은 거기에서 비롯되었다. 처음엔 낯선 거리들이 두렵기도 했지만 느는 도적질처럼 여기저기를 쏘다니다 보니 세계는 매우 너르고 몹시 좁았다.

딱 꼬집어 말할 수는 없지만 지나온 흔적(역사라고 하자) 중에서 끌리는 구석은 식민지였다. 나중에, 석양이 아름다운 나가사키에서 발견한 사실이지만 식민지 속에는 내 그림자가 있었다. 그것은 다름 아닌, 누군가에 의해 버림받고 짓밟힌 내 흔적이기도 했다. 그러니까 나의 이국 여행은 새로운 세계를 보고자함보다는 내가 살고 있는 이곳을 먼저 떠나고 싶은, 지나온 시간들을 더듬는 일이 그만큼 끔찍했는지도 모른다. 그렇지 않고서야 어떻게 그 많은 역사의 페이지 속에서 동변상련처럼 식민지에 발목이 잡혀 있었겠는가.

나에게 여행은 그런 것이었다. 지금 이 자리에서, 어제를 점검하는 일이었다. 내가 누구인지 어디에서 왔는지 나에게 나를 묻는 일이었고, 떠나왔던 곳으로 돌아가기 위해서는 부려할 짐이 있었다. 돌이켜 보건대 나는 그런 이유 때문에 집을 떠났고, 이번에는 만주를 쏘다녔다. 광활한 만주 벌판이 보기에 좋았던 것일까. 2007년 여름에는 딸과 함께 연길, 룡정, 도문, 청산리, 훈춘, 백두산 등 연변조선족자치주를 다녀오기도 했다. 다른 나라보다도 먼저 만주를 보여주고 싶었다.

 만주 여행은 대구를 출발해서 심양―연길―룡정―도문―화룡―훈춘―량수―하얼빈―만주리―목단강―장춘―집안―단동을 거쳐 심양으로 돌아오는 여정이었다. 차를 탄 시간만도 100시간에 가까웠고, 하루 평균 20km를 걸었다. 조금 춥긴 했지만 만주가 준 교훈도 컸다. 자신을 향한 채찍을 소중히 간직하고 사는 사람은 그렇지 않은 사람보다 더 행복하다는 것이었다.

 무엇보다 나는 입보다는 손으로 말하고 손으로 소통하는 글쟁이다. 그 손을 빌려, 그동안 싸돌아다니며 들은 만주의 이야기와 그 풍경들을 내놓는다. '삶이 보이는 창'에 고마움 전하며, 고2 딸에게 들려주는 이야기인 만큼 어느덧 전설이 되어가는 만주가 너무 부담스럽지 않았으면 하는 바람이다.

대구 평리동에서 **박영희**

겨울 여행

대구에서 심양으로

11시 25분에 대구공항을 이륙한 비행기는 현지 시각 12시 30분경 심양공항에 도착했다. 영하 5도의 남쪽에서 영하 15도를 밑도는 서북쪽으로 이동한 탓이었을까. 심양은 몹시 추웠다. 입국수속을 마치고 나와 버스정류장으로 향하는데 바늘 끝으로 귓불을 찌르는 것 같았다.

배낭을 고쳐 메고 횡단보도를 막 건널 때였다. 웬 사내가 허겁지겁 뛰어와 길을 막아섰다.

"한구어런?"

고개를 끄덕이자 사내는 마치 친구를 마중 나온 듯 배낭을 달라고 했다. 여차하면 낚아챌 기세였다. 미리 알아둘 것은, 중국에서는 에누리가 통한다는 것이다. 이것은 만주를 네 차례 여행하면서 터득한 것으로, 침묵시위를 하듯 5분만 잘 버티면 그 어떤 요금도 자연 내려가게 돼 있다. 언어소통은 차치하고 손가락 몇 개, 눈짓 몇 번이면 가능한 흥정은 그래서 흥미로운지도 모른다. 대신 느긋하게, 앞서지 말고, 중간쯤에 선다는 마음으로 대응해야 한다. 흥정도 일종의 심리전이기 때문이다.

택시를 탈 때도 마찬가지로 반드시 흥정을 마친 뒤에 탑승해야 한다. 그 도시의 첫 이미지는 택시가 좌우한다는 말이 있는데, 중국 택시 기사들의 횡포는 이루 말할 수 없었다. 미터기는 고사하고 운전마저 거칠어서 간담 서늘한 적이 한두 번이 아니었다.

심양공항에서 시내까지는 버스로 한 시간 거리. 비수기 여행은 날

1940년대의 심양역

현재의 심양역

씨가 좀 춥다는 것 말고는 크게 문제될 게 없다. 특히 11월 중순부터 12월 중순까지의 여행은 가난한 여행자들에게 행복한 시간이 될 수도 있다. 항공료는 물론이고 여행자들에게 가장 부담이 되는 숙박료도 비수기로 접어들면 반액으로 뚝 떨어진다.

심양에서 연길로

표를 구하지 못하면 심양을 먼저 둘러보고 내일쯤 연길로 들어갈 참이었다. 어디 한 곳을 쏜살같이 다녀오는 심부름 길이면 또 모를까, 적어도 여행은 그와 달라야 하기 때문이다. 오늘 못 가면 내일 떠나는 여유가 있어야 한다. 그리고 무엇보다도 막다른 길보다는 징검다리를 건너듯 지나온 길과 앞으로 만나야 할 길이 끊이지 않고 연결되는, 만주가 바로 그런 곳이다. 사방 어느 곳에서 출발하더라도 만주의 길들은 엇갈림이 없었다.

심양역에 도착하니 마침 침대칸 좌석이 남아 있었다. 들리는 소문에 의하면, 중국에서 유능한 남자 소리를 들으려면 기차표를 예매하는 데 있어서 탁월함을 보여야 한다고 한다. 주말과 휴가철, 그리고 명절이 가까워오면 이곳 여자들은 남자 친구나 남편을 향해 "인차 긴장하라"며 압박을 가하는 것이다.

인차 긴장을 늦춰서는 안 될 게 또 있다. 촘촘한 그물망을 연상케 하는 보안검색이 그것이다. 역과 터미널 등 대합실이 있는 곳이면 출입문 안쪽에 엑스레이 검색대가 버티고 있는데, 모든 소지품은 이 검색대를 거쳐야 한다. 물론 때에 따라서는 여권을 제시해야 할 때도 있다.

심양발 도문행 기차의 개찰이 시작되었나 보다. 양손에 들린 보통이는 양호한 편이고, 제 키보다 큰 마대를 어깨에 멘 남정네가 한둘이 아니다. 역무원은 연신 호루라기를 불어대고, 승객들은 서로 먼저 개찰을 받겠다며 아우성이고……. 그야말로 도깨비시장이 따로 없다.

중국은 기차 노선도 많지만 종류 또한 다양하다. 시설(에어컨 유무)과 속도에 따라 특쾌(特快:터콰이), 쾌속(快速:콰이커), 보쾌(普快:푸커), 관광열차(遊:요우) 등이 있다. 이 중에서 여행자들이 주로 이용하는 기차는 특쾌와 쾌속으로, 대부분 에어컨 시설을 갖추고 있다. 좌석은 일반 좌석(硬座:잉쭈어), 1등석 좌석(軟座:루안쭈어), 2등석 침대(硬臥:잉워), 1등석 침대(軟臥:롼워)가 있는데, 오늘밤 내가 타고

갈 기차는 6인실 침대를 갖춘 콰이커다. 하중상 층으로 된 침대칸은 되도록 상층은 피하는 것이 좋고, 상층보다 하층 요금이 3~4위안 비싼 편이다.

밀고 당기는 개찰구를 간신히 빠져나와 기차에 오를 때였다. 하나, 둘, 셋, 넷……. 기차의 칸을 세던 나는 그만 입을 다물지 못했다. 일곱, 여덟, 아홉, 열까지 셌는데도 오후 6시 45분에 심양역을 출발하는 기차는 그 끝이 보이지 않았다. 개찰을 시작해 탑승하는 시간만도 무려 6분이나 걸렸다. 여객 운송 차량에 비해 인구가 많은 탓이다.

심양을 출발한 지 한 시간가량 지났을까. 빗자루와 쓰레받기, 자루를 들고 나타난 승무원은 마치 개선장군처럼 객실 통로를 휘젓고 다녔다. 내 눈이 휘둥그레진 건 잠시 뒤였다. 마흔 초반의 여승무원은 빗자루와 쓰레받기를 승객들 발밑으로 들이밀며 돼지 멱따는 소리를 질렀다. 문제는 승객들의 반응이었다. 막다른 길에서 고양이와 맞닥뜨린 생쥐마냥 그들은 재빠르게 발을 들어주었다. 위생 따위는 안중에도 없었다.

여승무원의 빗자루 위세는 잠시 숨을 고른 뒤 계속되었다. '기대하시라, 제2탄' 처럼 이번에는 구정물이 뚝뚝 흐르는 막대걸레를 들고 나타난 그녀는 쉭쉭, 동서남북으로 손을 놀렸다. 걸레질을 하는 도중 거치적거리는 게 있으면 가차 없이 밀어 버렸는데, 이번에도 승객들은 얌전한 강아지 자세를 취했다. 한국의 어떤 청년이 시베리아 횡단 도중 승무원에게 밉보여 꼬박 6박 7일 동안 때 아닌 감옥살이를 했다더니 웃자고 한 말은 아니었나 보다. 중국의 여승무원도 러시아의 여승무원과 견주어 그 성깔이 오십보백보였다.

시끌벅적하던 객실이 쥐죽은 듯 잠잠해진 건 밤 9시경이었다. 사전에 약속이라도 한 듯 기차는 일제히 소등을 했다. 순간, 나의 뇌리를 스쳐간 곳은 교도소였다. 심양을 출발해 연길로 향하는 야간열차와 한국 교도소의 취침시간은 단 1분의 오차도 없었다. 취침을 알리는 트럼펫이 울리면 각 사방舍房 교도관들은 1호실부터 15호실까지 취침점검에 들어갔는데, 연길을 거쳐 도문으로 향하는 기차의 승무원들이 그 수순을 밟고 있었다. 승객 중 누군가 귓속말을 주고받으려 하자 여승무원은 단호하게 호통을 쳤다.

한국은 고속열차가 생기면서 침대칸이 자취를 감추었지만 땅이 너른 중국은 오래 지속될 것 같다. 북경역을 기준으로 곤명(43시간), 하문(34시간), 중경(30시간), 우루무치(47시간) 등 30시간 이상을 기차에서 보내야 하는 노선이 한두 곳이 아닌 것이다.

심양에서 연길까지는 15시간 30분으로, 하룻밤 숙박비는 굳은 셈인가.

편안한 내의

중국 겨울 여행에서 가장 눈요기가 될 만한 장소는 기차 안이 아닐까 싶다. 침대칸 기차를 타면 심심찮게 속옷 차림의 뭇 여자들을 볼 수 있는 것이다. 그나마 수줍음 많은 처녀들

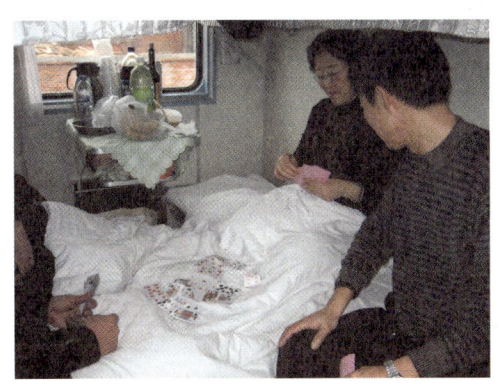

은 소등을 기다렸다가 벗지만 기혼여성들은 막무가내다. 기차에 오르기 바쁘게 바지부터 벗는다. 아, 황홀(?)한 그 순간을 어찌 말로 표현할 수 있으랴! 10인10색의 아랫도리 물결은 물론이고, 란제리를 입은 듯 속옷이 훤히 비치는 여성을 보면 잠이 달아나고 마는 것이다. 남자들도 예외는 아니다. 겨울에는 내의內衣만 입은 채, 여름에는 달랑 팬티만 걸친 채 객실 통로를 유유히 활보하고 다닌다. 아무튼 행복한 밤이 아닐 수 없다.

그러게 이맘때였다. 연길에 사는 모 선생 댁에 초대를 받아 간 나는 아파트 현관으로 들어서다 말고 민망함을 감추지 못했다. 처가살이를 하고 있는 선생의 사위가 내의 바람으로 나를 맞은 것이다. 요리를 하던 중에 나를 맞은 그는 곧 주방으로 들어가 일을 계속했는데, 재미난 그림은 그 다음에 펼쳐졌다. 그러니까 선생의 사위가 요리한 음식이 한 상 가득 차려졌을 때다. 아뿔싸! 밥상에 빙 둘러앉은 그 집 식구들 모두는 내의 차림이었다.

오래 전 일본에서는 이보다 더 황당한 일도 있었다. 그 집도 저녁을 같이 먹자고 해서 초대받아 갔고, 선생은 샤워 중이었다. 내 얼굴이 벌겋게 달아오른 건 샤워를 마치고 나온 선생과 눈을 마주쳤을 때다. 타월로 아랫도리만 겨우 가린 선생은 아무렇지 않은 듯 사모님과 며느리와 식탁에 마주앉아 식사를 하기 시작했다.

중국과 일본, 두 나라를 통해 내가 느낀 점은 성性의 자유와 몸身의 자유였다. 한국보다 성이 훨씬 개방된 일본은 여느 숙소에서나 포르노 시청이 가능한 반면 중국은 여전히 시큰둥한 반응을 보이고 있는데, 이혼은 시대적 흐름이지만 불륜은 여전히 사회의 악으로 치부된다 할까. 허나 분명한 건 내 눈에 비친 중국인들은 대체로 몸이 자유로웠다는 것이다. 일상화된 내의 차림이 그 예라고 할 수 있다.
　물론 기차를 처음 탔을 적에는 시선을 어디에 둬야 할지 몰라 몹시 당황했었다. 두어 시간쯤 지나자 오히려 입고 있는 옷이 거추장스러웠는데, 나 또한 저들처럼 훌훌 거추장스러운 것들을 벗어 버리고 싶었다. 장거리 열차를 타면 또 포커하는 장면을 심심찮게 볼 수 있다.

연길에서

연변조선족자치주 수도 연길

 기차가 연길에 도착한 건 다음날 오전 10시경이었다. 역에서 5분 거리에 있는 숙소 발은반점發銀飯店으로 향하는데 길이 꽁꽁 얼어 있었다. 두 다리에 힘을 주지 않으면 벌러덩 엉덩방아를 찧을 것 같았다.
 우체국에서 운영하는 호텔은 생각보다 청결했다. 닷새가량 투숙할 예정이라고 하자 숙박비도 아침식사를 포함해 1일 90위안으로 조정되었다.
 우리가 '만주'라고 불러온 중국 북동부에는 세 성(길림성吉林省, 흑룡강성黑龍江省, 요녕성遼寧省)과 연변조선족자치주延邊朝鮮族自治州가 있다. 동북 3성은 이남이북과 밀접한 관계를 가진 지역들로 어느 곳을 가더라도 언어소통이 가능한 조선족(60~65%)을 만날 수 있다. 특히 항일투사들의 주요 거점이었던 연변조선족자치주(연길, 룡정, 도문, 화룡, 훈춘시와 돈화, 안도, 왕청현)는 1880년대에 조선의 유민들이 이주하여 개척한 조선족의 처녀지이기도 하다. 바로 이곳을 우리는 만주 또는 간도라고 부른다.

  연변조선족자치주의 수도라고 할 수 있는 연길은 인구 200만 중 조선족이 약 80만 명을 차지할 만큼 첫 발이 곧 익숙해지는 곳이다. 거리에 널려 있는 '소봉신닭점', '별미발청', '대지뼁끼상점' 등 한글과 한자를 병기倂記한 상점 앞에 이르면 정겨움에 발길이 절로 멈추는 것이다. 물론 한 걸음 더 깊이 들어가 보면 상황은 달라질 수도 있다. 겁 없이 덤벼들었다 뒤통수를 한 대 맞고 나서야 풀어놓은 허리띠를 조이는 버릇이 생긴다고 할까.

  만주를 통틀이 200만의 인구를 가진 조선족은 여느 소수민족과 다르게 조금 애매한 입장을 취하고 있음을 볼 수 있다. 중국도 한국도 북한도 아닌, 그 가운데에 끼인 샌드위치라고 할까. 하지만 국적을 물으면 조선족들은 거리낌 없이 중국을 카드로 꺼낸다. 뿐만 아니라, 그들 중 절반 이상은 자신들이 중국 국적을 가졌다는 데 대해서 자부심을 갖고 있다. 그 예로 조선족들은 이남이북이 중국과 축구경기를 하면 열에 아홉은 중국을 응원한다.

조선족과 관련한 이야기는 차차 하기로 하고, 지구촌 인구의 5분의 1을 차지하고 있는 중국의 매력을 하나 꼽으라면 드넓은 땅덩어리가 아닐까 싶다. 한반도는 남쪽 끝에서 북쪽 끝까지 가는 데 7시간이면 충분하지만 중국은 버스나 기차로 쉬지 않고 달려도 족히 3~4일은 걸리기 때문이다. 부러운 건 그것만이 아니다. 중국은 기차나 버스를 타고 가깝게는 러시아·이북·몽골·네팔·파키스탄을, 멀게는 중앙아시아·유라시아까지 갈 수 있는데 분단국가의 이방인한테는 꿈같은 이야기로 들려올 뿐이다.

주덕해와 연길감옥

아침 겸 점심을 먹은 뒤 숙소를 나섰다. 연길에 도착해 제일 먼저 찾아간 곳은 연변대학 뒤편 공원에 있는 주덕해기념비였다. 버스에서 내려, 아파트가 들어선 언덕배기를 숨차게 오르자 옷깃이 절로 여며졌다. 연길 시가지가 한눈에 내려다보이는 곳까지 올라온 터라 잠잠하던 바람은 성난 승냥이처럼 발톱을 세우고 달려들었다.

굳이 이곳을 먼저 찾은 것은 재일조선인, 조선족, 고려인으로 일컫는 조선 유민들의 행로 때문이었다. 오래 전부터 나는 피치 못해 조국을 떠난 조선동포 1세대들을 꼭 한번 만나고 싶었는데, 조선족 역사에서 주덕해는 그만큼 중요한 인물이다. 그도 그럴 것이 그는 연변조선족자치주 창립의 산파이자 초대 주장州長을 지냈다.

본명이 오기섭인 주덕해는 1911년 연해주에서 태어났다. 8세 때 토비들에게 아버지를 잃은 그는 1920년 2월 어머니를 따라 룡정시 승지촌으로 거처를 옮겼다. 그곳에서 소년기를 보낸 그는 고려공산주의 청년동맹, 모스크바 동방대학 유학, 조선의용군 제3지대 정치위원 등을 거쳐 8·15해방 이후에는 상지현에 최초로 조선족 중학교를 설립하기도 했다.

연변 전원공서전원專員公署專圓으로 임명장이 떨어진 건 1949년 3월경으로, 임명장을 받은 주덕해는 중국 정부에 다음과 같은 주장을 했다.

"조선족이 중국에 거주한 지도 벌써 100여 년이 되었다. 그동안 조선족은 한족 및 다른 민족과 더불어 중국의 황무지를 개간하고 이곳에 삶의 터전을 마련했다. 이에 중국 정부는 조선족의 발전을 위해 구역자치를 실시해야 함은 물론 중국 공민으로 받아들여야 한다."

하지만 그의 주장은 빛을 발하지 못했다. 그로부터 얼마 지나지 않아 한국전쟁이 발발한 것이다.

조선족자치구 문제가 다시 화두로 떠오른 건 6·25전쟁 중 중국이 이북을 지원하면서였다. 1952년 9월 3일 중국 정부는 3년 전 주덕해가 주장한 조선족 문제에 대해 다음과 같이 공포했다.

"중국 동북 지역에 거주하는 모든 조선인은 오늘부터 중국 공민이 된다. 또한 동북 지역에 거주하고 있는 조선인들은 조선(북한)에서 온 사람들이므로 '조선족'이라 부른다."

분명 그것은 연변조선족자치구 인민정부가 탄생하는 순간이자, '조선족'이라는 명사가 중국 역사에서 처음으로 중국의 소수민족을 가리키는 날이기도 했다. 그렇다고 마냥 기뻐할 일은 아니었다. 연변조선족자치구가 탄생한 데 대해서는 환영할 만한 일이나, 한 가지 석연치 않은 점은 그로부터 2년 뒤인 1955년 4월에 자치구가 자치주로 격하되었다는 것이다. 중국의 소수민족을 일컫는 자치구와 자치주는 상당한 차이를 갖는데, 자치구는 하나의 성省을 의미한다.

연변조선족자치주의 시련은 거기서 끝나지 않았다. 연변예술학교를 세워 예술인을 양성하는 등 조선족의 권위신장을 위해 노력해온 주덕해에게 중국 정부는 '지방 민족주의 분자'라며 몰아붙였다. 혁명에 반하는, 제 민족의 권위신장만을 우선시한다는 게 그 이유였다. 뒤이어 그는 매국노, 북조선 스파이라는 누명을 쓰고 호북성湖北省에 유폐되어 조선족 200만의 대표로 생을 마감했다.

주덕해기념비에서 내려오면 왼편에 혁명열사기념관이 보이는데, 만주를 떠돌며 가장 흔하게 본 것이 있다면 바로 저 기념관을 있게 한 혁명열사기념비가 아니었나 싶다. 지난해 여름 청산리전투지를 다녀

오는 길에 딸에게 들려준 〈산에는 진달래꽃, 마을마다 항일기념비山山金蓮花 村村烈士碑〉라는 노래는 산동 출신의 시인 하경지賀敬之(허징즈)가 연변의 산하를 둘러보다 지은 시로, 조선족 마을이 있는 곳이면 어김없이 그 모습을 드러낸다.

한 시간의 시차도 그 요인 중 하나이겠으나 만주의 겨울은 유난히 해가 짧다. 오후 4시경이면 일몰이 시작된다. 혁명열사기념관을 둘러본 뒤 걸음을 서두른 것도 그 때문이었다. 숙소로 돌아가기 전에 한 곳 더 들를 데가 있었다.

도심 한복판을 가로질러 두만강과 합류하는 부르하통하강을 일컬어 조선족 1세대들은 연집강煙集江이라 불렀다. 그만큼 연길은 사면이 우중충한 산발로 둘러싸인 분지형국이어서 날이 흐리거나 바람이 자는 날은 연기가 빠져나가지 못하고 자우룩이 떠 있는데, 공원에서 내려오니 그 시각이었다. 도심은 호흡조차 곤란할 정도로 자욱한 석탄연기로 뒤덮여 있었다.

만주 항일투쟁에서 룡정이 전반기 역할을 수행한 곳이라면 연길은 후반기에 속한다고 할 수 있다. 그 대표적인 건물이 지금 내가 찾아가고 있는 옛 연길감옥(현 연변예술극장)이다.

바람 세찬 남북만주 광막한 들에
붉은 기에 폭탄 차고 싸우던 몸이
연길감옥 갇힌 뒤에 몸은 야위어도
혁명으로 끓는 피야 어찌 식으랴!

1924년에 수건修建된 옛 연길감옥 기념비에 새겨진 노래다. 〈연길감옥가〉는 리진이 사형장으로 끌려가면서 부른 노래로, 그 뒤 이 노래는 감옥마다 널리 퍼져 항일 투사들의 의지를 불태웠다.

　하나 더 눈여겨둘 점은 중국 동북에서는 처음으로 연길감옥이 숱한 시도 끝에 파옥破獄되었다는 사실이다. 김훈(중국공산당 완청현 서기)을 비롯해 리진, 오세국 등이 여러 차례 파옥을 시도했지만 그들은 얼마 뒤 사형에 처해지고 말았다. 그 뒤를 이어 파옥결사대를 조직한 사람은 김명주, 리영춘, 리태근 등으로 17명의 파옥결사대는 1935년 6월 7일 마침내 일본의 감옥장을 처단한 뒤 수백 명의 수감자를 해방시켰다.

만주 땅 너른 들에 벼가 자란다

연길 시가지를 벗어난 15인승 미니버스가 언덕배기를 오를 때였다. 겨우 허리쯤 오른 버스의 가속이 갑자기 뚝 떨어졌다. 깜짝 놀란 나는 승객들의 표정부터 살폈다. 버스 안에는 노인들이 많았는데 나는 옆에 앉은 노인에게 넌지시 말을 걸어보았다.

"어르신, 버스가 왜 이러지요?"

"염려마시라요. 연길에서 룡정을 가려면 이 산(모아산)을 넘어야 하는데, 뻐스가 지금 그 산을 넘고 있는 중입네다. 차들이 중고라서 늘 이 모양입네다."

그제야 마음이 놓인 나는 차창 밖으로 시선을 돌렸다. 옛적 목동이 쓴 모자를 닮았다고 해서 이름 붙인 모아산帽兒山 자락은 영화 속 한 장면이었다. 간밤 잠들었을 때는 미처 몰랐으나 날이 밝아 창을 여는 순간 하얀 눈에 구두 발자국으로 찍히는, 차창 밖 간도의 설경은 앨범 속 흑백사진을 연상케 했다.

간도間島를 처음 접한 건 서울에서 신문배달을 할 때였다. 신문에 간간이 '간도'라는 지명이 오르내렸는데, 정치를 시작으로 사회·문화·경제·역사에 이르기까지 하루살이 신문은 내게 매우 유익한 교과서 역할을 해주었다. 윤동주, 이육사, 한하운, 랭보, 보들레르, 이사도라 덩컨, 찰리 채플린의 이름을 익힌 것도 그 무렵이었다.

문제는 그 간도가 선명히 그려지지 않는다는 것이었다. 만주는 그나마 손바닥으로 바람을 쥐었을 때처럼 감이 오건만 간도는 그마저도 어려웠다. 독립군과 김좌진, 홍범도 정도였다. 그렇듯 먼 이야기처럼 여겨졌던 간도가 성큼 내 가슴으로 스며든 건 3·1절, 8·15 특집극 영향이 컸다. 독립운동에서 해방에 이르는 특집극을 보고 있으면 간도라는 지명과 함께 룡정이 자주 등장했는데, 문헌에 보면 간도는 "룡정시 개산툰진 선구촌 앞을 흐르는 두만강 북안의 한 때기 모래땅을 가리킨다"고 되어 있다. 두만강 물살에 의해 모래가 쌓이면서 모래터를 형성한 것이다. 두 나라(중국과 이북) 사이에 있는 섬이라는 뜻의 이 사이섬間島은 길이 2.5km, 넓이 1km 미만으로 중국인들은 협강夾江 혹은 가강假江이라 부르기도 한다.

이곳 출신인 안수길의 소설 『북간도』를 잠시 펼쳐보기로 하자.

> 흡사 고구마 형국으로 생긴 사이섬은 모래로 이루어진 사주沙洲다. 주위가 10리나 될까? 땅이 검어 기름질 것 같으나 모래로 이루어진지라 곡식이 되지 않았다. 물역에 몇 군데 새밭이 있었으나, 삿자리의 재료는 물론, 아무 쓸모가 없었다. 부지런한 농사꾼이 건너가 베어다가 말리어 아궁이에 때이기도 하고 썩혀서 거름을 할 따름이었다.

19세기 중엽이었다. 일제의 탄압과 조선 지주들의 횡포는 로마제국을 능가하고 남았다. 그 무소불위의 극치가 조선의 소작농들에게 두만강을 건너고 압록강을 건너도록 했음은 두말할 나위 없다. 목숨을 연명하기 위해서는 탯줄의 조국을 버려야만 했다.

> 만주 땅 넓은 들에
> 벼가 자라네 벼가 자라
> 우리가 사는 곳에 벼가 있고

벼가 자라는 곳에 우리가 있네
우리가 가진 것 그 무엇이냐
호미와 바가지밖에 더 있나
호미로 파고 바가지에 담아
만주벌 거친 땅에 볍씨 뿌려
우리네 살림을 이룩해보세

'조선인들이 터를 이룬 곳이면 벼가 자란다'는 유행어가 생길 정도로 중국 동북 지역의 벼농사 개척자는 다름 아닌 조선의 유민들이었다. 당시 만족들은 조전早田을 지을 뿐이었다. 만주의 들이 하도 너른 터라 애써 농사에 신경을 쓰지 않은 탓도 있었다. 하지만 조선인들의 근면은 달랑 호미 하나로, 만주의 황무지를 옥토로 바꾸어 놓았다. 뿐만 아니라 그들은 고향에서 농사를 지을 때보다 세 배나 많은 수확량을 달성하기도 했다. 가히 중국 속에 뛰어든 조선인의 농업 혁명이 아닐 수 없었다. 그러나 일본의 침략정책은 조선에 이어 만주까지 그 손을 뻗쳤다.

일본이 간도를 주목한 건 1905년 11월 17일 '을사늑약'을 체결한 뒤였다. 이토 히로부미伊藤博文는 "조선 정부의 대외관계는 일본 정부에 귀속되었으므로 통감부 관원이 간도에 와서 조선인의 생명과 안전을 보호해야 한다"며 청나라를 압박하고 나섰다.

반면 고종은 양국이 힘을 합치자는 청나라의 요구에 대해 썩 달갑지 않은 답을 내놓았다. 그것은 다름 아닌 신뢰의 문제였다.

"중국이 우리와 힘을 합하자고 하는데 이를 어찌 그대로 믿을 수 있겠는가?"

룡정의 노래

　버스로 반 시간 거리인 연길이 소비와 향락으로 찌들어간다면 인구 25만의 룡정은 1970년대의 풍경을 고스란히 간직하고 있었다. 독립운동의 메카답게 방위를 잡는데도 큰 도움이 되었다. 도문과 훈춘, 화룡, 오랑캐령을 넘어 이북으로 가는 길들이 룡정과 맞닿아 있었다.
　룡정에서는 또 굳이 택시나 버스를 탈 필요가 없었다. 산책삼아 도심을 걷다 보면 오래 전 어딘가에 두고 온 풍경들을 다시 보는 것 같은, 아스팔트 위로는 차들과 자전거, 인파가 마구잡이로 뒤엉켜 흘러 다녔다. 중앙선을 사이에 두고 차량들만 좌우로 나뉘어 주행할 뿐 자전거와 인파는 영락없는 바다 속 물고기였다. 몸에 밴 듯 사람들은 유유자적 차량들을 피해 4차선 도로를 건너고, 자전거 행렬은 차와 사람들 사이를 미꾸라지처럼 빠져나갔다. 시골시라지국집 식당 옆 골목 담벼락에는 '문맹을 떨친 인민에게 미래가 보장된다'는 구호도 적혀 있었다. 필시 낯선 문구는 아니었다. 우리나라에도 저 '문맹'이라는 단어가 '문명'보다 더 자주 사용됐던 시절이 있었던 것이다.
　식당과 노래방이 즐비한 미식가美食街를 지나 룡정극장 앞을 막 지날 때였다. 손때 묻은 추억들이 아로새겨진 목포의 옛 평화극장을 보는 듯했다. 저기 오른편 골목으로 들어가면 8000원에 손목시계를 잡아준 전당포가 나오고, 조금 더 들어가면 짙게 화장을 한 누나들이 이브껌을 씹으며 손짓하던 칠성여인숙이 나오고······. 룡정의 거리풍경은 그렇듯 한 권의 책에서 어떤 페이지를 펼치더라도 온통 정겨움뿐이었다. 옛 기억을 되살리기에 이보다 좋은 도시는 없었다.

　한동안 발길이 멈춘 곳은 용두레우물 앞이었다. '룡정龍井'이라는 지명은 바로 이 용두레우물에서 유래하는데, 정확한 연도는 알 수 없으나(1839~1880년 사이) 조선에서 이민을 온 박인덕과 장인석에 의해 발견되었다고 한다. 또한 이 우물은 일찍이 여진족들이 사용하던 곳으로, 우물에 용두레를 달고 그 옆에 초가를 이루면서 룡정과 조선족의 역사가 시작되었다고 한다. 나는 그 우물가에서 노래를 불렀다.

　　일송정 푸른 솔은 홀로 늙어갔어도
　　한 줄기 해란강은 천년 두고 흐른다
　　지난 날 강가에서 말 달리던 선구자
　　지금은 어느 곳에 거친 꿈이 깊었나

　　용두레우물가에 밤새 노래 들릴 때

뜻 깊은 룡문교에 달빛 고이 비친다
이역하늘 바라보며 눈물 젖은 보따리
지금은 어느 곳에 거친 꿈이 깊었나

룡주사 저녁 종이 비암산에 울릴 때
사나이 굳은 마음 깊이 새겨두었네
조국을 찾겠노라 흘러 흘러 온 신세
지금은 어느 곳에 거친 꿈이 깊었나

  한 사람이 적어도 백 번은 넘게 불렀을 〈애국가〉에 동해·백두산·남산의 소나무가 있다면, 〈선구자〉에는 일송정·해란강·용두레우물·룡문교·비암산이 있다. 윤해영의 시에 조두남이 곡을 붙인 〈선구자〉는 〈룡정의 노래〉로 먼저 불렸었다. 2절과 3절을 눈여겨 보면 '눈물 젖은 보따리'가 '활을 쏘던 선구자'로, '흘러 흘러 온 신세'가 '맹세하던 선구자'로 바뀌어 있다. 못내 아쉬운 대목이다. 그 두 곳을 고치면서 노래의 맛이 사라져 버렸다고 할까. 차라리 조선족의 애환을 그대로 살려두었더라면 어땠을까, 아쉬운 마음에 이런 시비도 걸어본다.
  또 하나 아쉬운 점은, 아니 기억해둘 것은 한국의 많은 국회의원들의 애창곡이기도 한 〈선구자〉를 짓고 곡을 붙인 조두남과 윤해영의 이력이다. 나도 나중에 안 사실인데, 둘 다 친일한 이력을 갖고 있었다. 조두남은 그 뒤 〈징병제 만세〉와 〈황국의 어머니〉라는 노래를 만들었고, 윤해영은 「오랑캐 고개」, 「락토만주」 등의 작품을 발표하면서 변절의 길을 걷기 시작했다.

윤동주의 묘지를 찾아서

룡정 시외버스터미널에서 윤동주 묘지까지는 약 6km. 그곳을 향해 걸으면서 나는 일제 말 암흑기에 한국 현대시의 마지막 페이지를 장식한 해환 윤동주의 「참회록」 한 구절을 음미해 보았다.
"이십사 년 일 개월을 나는 무슨 기쁨을 바라며 살아왔을까?"
1987년 9월, 부산항을 떠난 여객선은 현해탄을 지나 시모노세키로 향하고 있었다. 나는 망망대해에서 두 시인을 떠올렸다. 북으로 간 임화와 후쿠오카 형무소에서 옥사한 윤동주였다. 임화에게는 「현해탄」에 그만 반해버렸고, 윤동주에게는 절망할 수 없는 저항의 숨결을 느끼던 시절이었다. 그 무렵 나는 또 윤동주의 「서시」가 얼마나 아름답고, 얼마나 무서운 시인가를 알게 되었는데 그 시를 읽는 날은 누군가 내 목을 조여 오는 듯했다.
윤동주라고 어찌 자기혐오가 없었으랴. 자기연민, 또 자중자애가 없었으랴. 그도 거울 속에 비친 자신을 향해 종알대지 않았던가. 돌아가다 생각하니 그 사나이가 미워졌고, 가엾게 느껴졌고, 그래서 그리워졌노라고. 그러기에 해환은 우리에게 매 순간 정직한 자세로 살라며 「서시」를 남겼는지도 모른다. 예나 지금이나 「서시」는 십계명 중 하나의 계명처럼 읽히는 것이다.
상징주의가 풍미했던 19세기 말, 상징주의의 신비와 기교를 거부하며 경건한 시를 써온 프랑시스 잼과 만년에 고독한 삶을 살다간 릴케의 시를 읊조린 것도 실은 윤동주의 다음 시를 통해서였다.

어머님, 나는 별 하나에 아름다운 말 한 마디씩 불러봅니다. 소학교 때 책상을 같이 했던 아이들의 이름과, 패佩, 경鏡, 옥玉. 이런 이국異國 소녀들의 이름과, 벌써 아기 어머니 된 계집애들의 이름과, 가난한 이웃 사람들의 이름과, 비둘기, 강아지, 토끼, 노새, 노루, '프랑시스 잼', '라이너 마리아 릴케', 이런 시인의 이름을 불러봅니다.

윤동주의 「별 헤는 밤」을 그의 고향 룽정에 와 읽으니 한국에서 읽을 때와는 또 다른 느낌이다. '패'니, '경'이니, '옥'이니 하는 이국 소녀들이 중국에서 흔히 보게 되는 노새와 어우러져 한 폭 풍경화로 다가온다.

신화서점 주인이 일러준 대로 '연화창' 입구에 도착한 나는 합성리로 들어섰다. 스물대여섯 호쯤 될까, 뚝 떨어진 기온 탓인지 마을에는 개미새끼 한 마리 얼씬거리지 않았다. 그 마을을 지나 공동묘지로 향할 때였다. 제법 가파른 마을 뒷산 언덕배기는 곱사등이처럼 누워 있었다. 그렇다면 이곳이 영국데기? 서양 선교사들의 숙소터였던 그곳을 지날 적만 해도 나는 윤동주의 묘지가 발치 어디쯤일 거라고 짐작했었다. 그런데 발에 밟히는 것은 굴곡진 길과 거친 바람뿐이었다. 엎친 데 덮친 격으로 능선에 섰을 때는 그 길마저 두 가닥으로 갈려버렸다.

'대체 어디로 가라는 것일까, 왼쪽? 아니면 오른쪽?'

이정표가 없는 길은 늘 이 모양이었다. 지름길을 놓쳐 먼 길을 돌아갈 때도 있었고, 목적지를 코앞에 두고 더듬더듬 헤매기 일쑤였다.

'몸의 등불은 눈'이라던 라즈니쉬를 따라 눈을 더 크게, 활짝 떠보았다. 아닌 게 아니라 능선에서 오른쪽 방향으로 붕긋붕긋 솟아난

봉분들이 시야에 들어왔다. 무덤은 두 모양을 하고 있었다. 하나는 봉분 끝이 삼각형처럼 뾰족하게 솟아있고, 다른 하나는 여자의 젖가슴을 닮았다. 한족과 조선족이 나란히 누운 그 무덤들을 지나자 마침내 시인의 숨결이 느껴졌다.

'詩人 尹東柱之墓'

1945년 2월, 매달 초순경 명동촌으로 배달되던 윤동주의 편지는 도착하지 않았다. 중순을 넘겨 도착한 건 그의 시신을 찾아가라는 전보였다. 하늘이 내려앉고 땅이 꺼지는 순간이었다. 후쿠오카 형무소로부터 사망전보를 받은 그의 아버지(윤영석)와 삼촌(윤연춘)은 현해탄을 건너가 아들의 골회를 안고 돌아왔다.

더욱 씁쓸한 건 지금의 이 묘지를 발견한 사람이 다름 아닌 일본인이라는 사실이다. 당시 와세다대학 교수였던 오무라 마스오는 연변대학에 체류할 때 이 묘지를 발견했는데, 나는 오늘 시인에게 속죄하는 마음으로 술잔을 따랐다. 우리보다 윤동주를 더 사랑한 일본인 교수 때문이었다.

어머님,
그리고, 당신은 북간도에 계십니다.

나는 무엇인지 그리워
이 많은 별빛이 내린 언덕 위에
내 이름자를 써 보고
흙으로 덮어 버리었습니다.

딴은, 밤을 새워 우는 벌레는
부끄러운 이름을 슬퍼하는 까닭입니다.

그러나, 겨울이 지나고 나의 별에도 봄이 오면,
무덤 위에 파란 잔디가 피어나듯이
내 이름자 묻힌 언덕 위에도
자랑처럼 풀이 무성할 거외다.

시인이 들으면 섭섭할지 모르겠으나 무릇 절창은 아니다. 그렇다고 투사의 노래도 아니다. 어머니 당신께서 물려주신 소중한 생명임에는 틀림없으나 때가 오면 버려야 하는, 자신의 죽음을 예견한 노래여서 회한이 묻어난다. 겨울이 가고, 나의 별에도 봄이 오면 무덤 위에 파란 잔디가 피어나듯이, 시인은 그 무덤에 이름자를 묻어두고 떠난 것이다.

예까지 왔으니 윤동주 곁에 누운 청년 문사 송몽규를 빠트릴 수 없다. 송몽규는 1917년 윤동주와 한 집에서 태어나, 같은 감옥에서 옥사한 시인이다. 윤동주와는 고종사촌으로, 그는 이미 1935년 18세의 나이로 조선 문단에 얼굴을 내밀었다.

그의 시 「밤」을, 이곳을 다녀간 흔적으로 남겨둘까 한다.

고요히 침전沈澱된 어둠
만지울 듯 무거웁고

밤은 바다보다 깊구나

홀로 밤 헤아리는 이 밤은
험한 山길을 걷고-

-나의 길은 밤보다 깊어

호수군한 물소리를 뒤로
멀-리 별을 쳐다 쉬파람 분다

윤동주 묘지를 찾아가는 지름길은 3·13항일의사능이다. 그곳에서 1.5km 남짓 산을 타고 오르면 등성이에 파란색 이정표가 나온다. 운 좋은 날은 그 산길에서 양치기와 양떼를 만날 수도 있다.

소포로 도착한 독립선언서

서울에서 보낸 '독립선언서'가 룡정에 도착한 건 1919년 3월 10일경이었다. 서울의 파고다공원보다 열흘 늦은 3월 13일, 천주교회당 종소리와 함께 시작된 룡정의 독립 함성은 4월 말까지 계속되었다. 46차례의 반일집회에 참가한 군중만도 10만여 명에 달했다. 뿐만 아니라 3·13만세운동은 북간도에서 일어난 최초의 반일운동으로, 이 불길은 그 뒤 15만 원 탈취사건, 봉오동전투, 청산리대첩으로 이어졌다. 그날의 함성을 〈독립신문〉은 다음과 같이 전하고 있다.

3·13반일사건 중 48명이 부상을 입고 94명이 체포되었으며 19명이 순난당했다. 3월 17일, 합성리 공동묘지에서 순난자 장례식을 성대히 거행했다. 룡정 3·13반일 시위는 일본제국주의 자들에 의하여 실패되였지만 그 후 항일투쟁을 새로운 단계에 추진시키는데 마멸할 수 없는 역할을 했다.

만주 지역 만세운동의 도화선이 된 3·13항일의사능에서 명동촌으로 가다 보면 왼편에 마을이 하나 보인다. 그곳이 주덕해가 소년기를 보낸 승지촌이다. 15만 원 탈취사건 현장은 그 건너편에 있다.

15만 원을 달취하다

지금으로부터 80여 년 전, 룡정 3·13만세운동과 더불어 연변 각지에는 반일무장단체들이 우후죽순 생겨났다. 보다 시급한 문제는 적과 맞서 싸울 무기였다. 민간에 널려 있는 엽총과 재래식 총들을 거둬들이고, 소규모의 습격대를 조직하여 일본경찰서와 친일 주구들의 집을 습격했지만 그 같은 방법으로는 적과 대적할 수 없었다.

그 무렵(1919년 9월) '대한국민회의(이하 국민회)' 산하 '철혈광복단' 성원인 최봉설은 같은 조직의 군사부장인 김하석에게 편지를 받았다.

> 반일무장투쟁을 하는 데 있어서 급선무는 군자금 모금이다. 이 편지를 받거든 윤준희더러 금융기관에 종사하는 조선족과 줄을 대라고 하여라. 조국의 독립을 위하는 길이니 그 어떤 방법을 취하여도 좋다.

편지의 내용을 확인한 최봉설은 그 길로 곧 윤준희를 찾아갔다. 윤준희는 다음날 김준, 한상호, 림국정, 최이붕, 박세웅 등과 상의한 끝에 그 대상을 일제 금융단체와 친일 주구로 정하고 군자금 모금에 착수했다.

그리고 며칠 뒤, 국민회 소속 전홍섭이 조선은행 룡정출장소에서 일한다는 소식을 전해들은 윤준희는 예수병원 뒤편 공동묘지에서 그를 만났다.

"홍섭 형, 국민회에서는 지금 군자금을 모금하고 있는 중이오. 내 생각으로는, 일본 놈들이 회령에서 룡정은행으로 돈을 운반하는 정확한 날짜만 입수하면 단판에 해결날 것 같은데……."

"잘 알았다. 조국을 되찾는 일인데 무언들 못하겠느냐."

그러나 가을이 가고 겨울이 오도록 은행 안은 그 어떤 기미도 보이지 않았다. 은행의 현금 운송은 그만큼 극비로 행해지는 일이었다. 착잡하던 전홍섭의 얼굴에 생기가 돈 건 연말을 앞두고서였다. 그는 그날 룡정출장소 소장인 시부타 고로우와 부하 직원 다케다 지로우가 나누는 이야기를 우연히 엿듣게 되었는데, 그 내용은 1월 4일 회령에서 15만 원이 운송되어 온다는 것이었다.

그날 밤, 윤준희는 6명의 대원들과 함께 세밀한 계획에 들어갔다. 습격할 지점을 동량리 어구(명동촌과 룡정의 중간 지점으로 룡정까지는 6km)로 정한 그들은 먼저 6명을 2개조로 나눴다.

1920년 1월 3일 눈보라를 헤쳐 동량리 어구에 도착한 대원들은 밤 8시경 매복에 들어갔다. 살 떨리는 추위 속에서 꼬박 밤을 샌 그들은 다음날 새벽 오랑캐령을 넘어 선바위로 들어오는 현금 수송대를 발견했다. 현금을 실은 말이 앞장 서고 우편물이 그 뒤를 따랐다.

숨을 죽인 채 사정거리를 재고 있던 대원들은 수송대가 어구로 들어서는 찰나, 방아쇠를 당겼다.

"탕! 탕!"

두 발의 권총 소리가 겨울 새벽의 정적을 깨뜨렸다. 윤준희의 사격

신호와 함께 매복해 있던 다른 대원들도 일제히 호송원을 향해 집중 사격을 가했다. 그들은 오래 버티지 못했다. 대원들의 기습을 받은 일본경찰과 호송대원이 말에서 힘없이 떨어졌다.

"꼼짝 마라!"

숲에 몸을 숨기고 있던 대원들은 벼락같이 뛰쳐나와 나머지 호송원을 향해 권총을 겨누었다. 그런데 문제가 생기고 말았다. 총소리에 놀란 말들이 히잉, 앞으로 내달리고 있었다.

"저 말을 놓쳐서는 안 된다!"

윤준희의 다급한 목소리에 최이붕, 한상호가 화급히 말에 올라탔다. 추격전 끝에 말이 멈춘 곳은 현장에서 6km가량 떨어진 팔포장 산중턱이었다. 말에 실린 자루 속에는 10원 권 지폐 5만 원, 5원 권 지폐 10만 원이 들어 있었다.

"성공이다!"

대원들은 일제히 환호를 질렀다. 그러나 방심은 금물. 일경의 추격에 대비한 대원들은 탈취한 돈을 세 곳에 분산한 뒤 와룡동을 향해 떠났다. 한편 박세웅과 김준 등은 습격지점에서 우편물을 실은 말을 몰아 윤준희 일행이 떠난 반대 방향으로 내달렸다. 일종의 교란전술이었다.

그해 1월 10일 윤준희, 최이붕, 한상호, 림국정은 무기 구입을 위해 블라디보스토크로 떠났다. 무기 구입과 관련한 총책임은 림국정이 맡기로 했다. 그러나 애석하게도 그들은 블라디보스토크에서 그 꿈을 접어야만 했다. 림국정과 친분이 있는 엄인섭에게 선을 댄 것이 화근이었다. 엄인섭은 연해주 반일운동 단체 간부이자 일본의 밀정이었다.

윤준희 일행을 체포한 일본군은 블라디보스토크—시모노세키—부산을 거쳐 서울 서대문구치소로 압송했다. 이듬해 8월 25일, 윤준희 일행은 '15만 원 도난사건'이라는 죄목으로 사형에 처해지고 말았다. 그들의 나이 30세, 27세, 23세였다.

15만 원 탈취사건 기념비 건너편에는 간도 5·30폭동을 기념하는 비도 있다. 1925년 상하이 노동자 총파업 5주년을 기념해 일어난 '붉은 5월 투쟁'은 노동자와 농민이 합세한 일종의 민중봉기였다. 꼬박 한 달 동안 진행된 투쟁을 통해 봉기군들은 룽정주재 일본 영사관과 동양척식회사 출장소 등을 파괴했고, 철로와 송신을 두절시키기도 했다. 그런가 하면 지주들의 가옥을 습격하여 획득한 곡식을 가난한 농민들에게 나눠주었다.

이곳에 와 얻은 것이 하나 있다면 당시 지휘를 맡았던 강학제가 생전에 썼던 시詩다. 그는 1930년 6월 일본군과 격전 중 24세의 나이로 사망했는데, 단 네 줄의 시는 숨을 끊는 노래였다.

혁명은 나에게는 책임,
혁명은 나에게는 직업,
책임이니 무거워도,
직업이니 죽는 날까지!

선바위 돌아 명동촌

가게에 들러 빵과 음료로 요기한 나는 다시 명동촌으로 길을 잡았다. 그때 몸 어딘가에서 통증을 호소하는 녀석이 있었다. 요기를 하는 동안 삼시 휴식을 취했던 발바닥이 그새를 못 참고 엄살을 떨었다. 그렇다고 뾰족한 수가 있는 것도 아니었다. 룡정에서 명동촌까지는 왕복 24km로, 해 짧은 만주의 겨울을 감안한다면 서둘러야 했다.

'조선을 밝힌다'는 뜻의 명동촌明東村을 향해 40여 분쯤 걸었을까. 요금소를 지나자 왼편에 선바위가 모습을 드러냈다. 그렇다면 저 너머가 이북으로 이어지는 오랑캐령? 한때 저곳은 조선 독립군들의 대표적인 망명 루트였다. 이용악은 그의 시 「낡은 집」에서 '북쪽을 향해 발자옥만 눈 우에 남기고 떠난 일곱 식솔이 더러는 오랑캐령 쪽으로 갔으리라고 더러는 아라사로 갔으리라고 이웃 늙은이들은 모두 무서운 곳을 짚었다'고 했으나 현재 저곳은 탈북자들의 루트가 돼 버렸다.

마을 초입에 선 백발의 교회가 말해주듯 명동촌 주민 대부분은 기독교 출신이었다. 그리고 그 중심에는 북간도 대통령으로 불렸던 김약연이 있다. 그는 1899년 한 중국인의 황무지를 사들여 이곳에 터를 잡고 독립운동을 전개했는데, 그의 뒤를 이은 사람은 정재면이었다.

1905년 '을사늑약'과 함께 일본이 국권을 빼앗자 항일운동가들은 국권회복을 위해 '신민회'를 조직했다. 정재면이 명동촌에 나타난 건 그 조직의 결성과 함께였다. 그러나 "마을에서 기독교를 신앙하고, 학교에서는 성경을 정식 과목으로 가르쳐야 초빙에 임할 수 있다"는 그의 요구조건은 명동촌에 적잖은 파문을 일으켰다. 더욱이 마을의 원로인 유학자들로서는 실로 난감한 입장에 처하고 말았다. 정재면은 자신들이 초빙한 인사이자 신민회에서 파견한 인물이었던 것이다.

자신의 요구대로 정재면은 1909년 명동교회와 명동학교를 동시에 개설했다. 목사치고 재발랐던 그는 중국 정부가 타 국가의 종교에 대해서는 일절 간섭하지 않는다는 것을 익히 알고 있는 터라 반일 의사들을 연사로 초빙하는 일 또한 게을리할 수 없었다. 학교를 세운 궁극적인 목표는 다름 아닌 학생들에게 반일 교육을 심어주는 것이었다.

명동교회와 나란히 어깨를 하고 있는 윤동주의 생가는 우물 공사가 한창이었다. 마땅히 말을 걸 만한 사람도 없는 터라 주변을 기웃거리는데 인부 중 하나가 이런 말을 들려주었다.

"며칠 전 시인 선상님 집이 도둑을 맞았습네다. 방에 있는 물건을 훔쳐 도망했다는데 잡았다는 소식은 아직 못 들었습네다."

인부의 말마따나 생가 방 문고리에는 자물쇠가 채워져 있었다. 시인이 남긴 시편들과 그 정신만으로도 더 바랄 건 없지만, 쉬이 달려

올 수 있는 곳이 아니어서 아쉬운 마음까지 접히지는 않았다. 이북에서야 엎어지면 코 닿을 이웃이지만 이남에서 명동촌은 여전히 이역만리인 것이다.

마을로 들어간 나는 윤동주를 비롯해 나운규, 송몽규, 문익환 등이 거닐었을 그 길을 걸어보았다. 이 집에서 저 집으로, 저 집에서 이 집으로 이어지는 고만고만한 고샅길이 강처럼 흘러 다녔다. 그러고 보니 명동촌에는 시인이 세 명이나 되었다. 들리는 소문에 의하면 그 셋은 둘도 없는 단짝이었다고 한다. 보기 드문 인연이 아닐 수 없다. 평양 숭실중학교를 다닐 무렵 신사참배를 거부한 문익환은 1989년 3월 고령의 몸으로 이북을 가면서 "난 올해 안으로 평양으로 갈 거야/ 기어코 가고 말 거야 이건/ 잠꼬대가 아니라고 농담이 아니라고/ 이건 진담이라"며 「잠꼬대 아닌 잠꼬대」를 남기기도 했다. 살아계실 적에 몇 번 뵈었던 분이라 굽은 머리칼 한 올까지 눈에 선하다.

예술 책?

잰걸음 쳐 롱정 시내로 돌아오니 벌써 날이 어두웠다. 평소 같으면 먼 거리가 아닌데도 첫날이라 그런지 다리가 뻐근했다. 겨울 여행이 다 그렇겠지만 특히 만주에서는 시간 조절에 신경을 써야 한다. 점심을 먹고 나면 금방 어두워지기 때문이다. 느슨하게 풀어둔 긴장의 끈을 바투 조이는 시각도 지금부터라고 할 수 있다. 어느 나라를 여행하든 밤은 위험할 수밖에 없고, 더구나 혼자 떠난 여행에서 만나는 이국의 밤거리는 누군가의 표적이 될 수 있기 때문이다. 겨울 만주는 밤 9시경이면 대부분의 상점들이 문을 닫는다.

저녁을 먹기에는 아직 이른 시각인지라 신화서점에 다시 들렀다. 윤동주의 묘지 가는 길을 알려주었으니 인사라도 해야 할 것 같았다. 주인장에게 고맙다는 목례를 한 뒤 책들을 구경하는데 길거리의 인형 뽑기 크기만 한 유리 상자가 서점 구석에 놓여 있었다. 그곳으로 다가가 안을 들여다본 나는 혼자 웃고 말았다. 커다란 유리 상자 안에는 히히, 몸(?)이 들어있었다.

나는 그 수상한(?) 책들을 구경하기 위해 주인장을 불렀다. 열쇠꾸러미를 들고 나타난 주인은 "이 책들은 예술 책이니 조심히 다뤄야 한다"며 주의를 주었다.

"예술 책이요?"

"그렇습네다. 애들이 봐서는 안 되는……."

"그럼 이 책은 어떤 사람들이 구입합니까?"

"주로 예술 하는 사람들이 사갑네다."

예술 하는 사람? 터져 나오려는 웃음을 꾹 눌러 앉힌 나는 포르노

와 누드, 그리고 순정에 대해 잠시 생각해 보았다. 펑퍼짐한 르네상스의 여인들이 지켜온 자리를 잘록한 개미 허리들이 비집고 들어오면서 20세기가 저물었던 것이다. 빗장을 열고 본 유리 상자 속 화보집도 크게 다를 바 없었다. 누님처럼 포근한 D라인은 온데간데없고 영민한 S라인뿐이었다.

조잡하기 짝이 없는 사회주의 국가의 화보집을 뒤적이다 진짜예술(?)을 발견한 나는 그 책을 집어 들었다. 탄생에서 사망에 이르기까지 남녀의 손을 찍은 그 사진첩의 차례에는 직업과 지역이 분류되어 있었다. 역시 결과는 대조적이었다. 똑같은 30대 여성의 손인데도 사무실과 공장에서 일하는 손이 다르고, 어부와 광부의 손이 다르고, 잎담배 농사를 짓는 남자의 손과 약초를 재배하는 손이 달랐다. 반세기 동안 잎담배 농사만 지은 남자의 손은 그늘에서 말리는 잎담배처럼 건조한 반면 약초재배를 해온 손은 윤기가 흘렀다.

일송정 가는 길에 만난 강경애

다음날, 룡정을 다시 찾았다.
터미널을 나온 나는 어제와는 정반대 방향으로 길을 잡았다. 왕복 4시간이면 다녀올 수 있으니 일송정에서 내려와 점심을 먹을 참이었다.
도심을 벗어나자 꽁꽁 언 해란강이 바닥에 바싹 엎디어 겨울잠을 자고 있었다. 1932년 7월이었던가. 항일 빨치산 부대는 해란강 상류인 유정촌柳井村에 잠시 머물렀다. 계림촌에 있는 철도호위대의 무기를 탈취하기 위해서였다. 그러나 빨치산의 계획은 생각보다 참담한 결과를 가져왔다. 15만 원 탈취사건이 보여줬던 것처럼 이번에도 역시 같은 부대의 조직부장인 백창헌의 밀고로 일본군의 기습공격을 받고 말았다. 그 여세를 몰아 박격포와 기관총을 앞세워 마을로 들어선 일본군 토벌대는 가가호호 불을 지르고 닥치는 대로 학살을 자행했는데, 룡정의 8경 중 하나로 꼽히는 해란강이 '해란강 학살'로 인해 피바다가 되는 순간이었다.

장백산맥인 침두봉에서 발원, 화룡의 곡창지대인 평강벌과 룡정의 세전이벌에 물을 공급하는 총 길이 132km의 해란강. 전해지는 이야기에 의하면 외가에 갔던 누이 '란'이 가져온 볍씨를 오라버니 '해'가 심어 벼농사가 번창했는데, 그 오누이의 이름을 따서 '해란강'이라 지었다고 한다.

해란강을 거슬러 비암산 중턱에 다다를 즈음이었다. 웬 비석이 눈에 들어왔다. 만에 하나 이곳이 룡정이 아닌 다른 지역이었다면 어느 토호가 세운 비석쯤으로 여기고 그냥 지나쳤을 것이다. 하지만 이곳은 만주 항일운동의 메카 룡정! 예상은 빗나가지 않았다. 뜻밖에도 강경애 문학비가 산길 모퉁이 왼편에 우뚝 서 있었다.

스무 살 초반으로 기억된다. 그 무렵 나는 '청년'과 '인간'이라는 단어에 푹 빠져 있었다. 그로 인해 나는 두 단어가 들어간 책을 우선순위로 펼쳐보는 묘한 습관이 생겼고, 강경애의 『인간문제』를 접한 것도 일종의 그 습관 때문이었다.

당시의 독후감을 상기시킨다면 강경애의 『인간문제』는 농민과 노동자를 전면에 내세운 탁월한 작품이었다. 항일투쟁을 직접적으로 작품화할 수 없는 1930년대에 노·농운동을 전면에 내세웠다는 점은 작가의 크나큰 용기라고 할 수 있다. 일송정 길목에 세운 강경애의 문학비를 나는 그런 의미로 받아들였다. 그의 문학비에는 "인간사회는 늘 새로운 문제가 생기므로 인간은 이 문제를 해결하기 위해 투쟁함으로써 발전한다"는 비문이 새겨 있었던 것이다.

1906년 황해도 송화에서 가난한 농민의 딸로 태어난 강경애는 그의 나이 3세 때 아버지를 여읜 뒤, 이듬해 어머니마저 재가해 고아나 다름없는 삶을 살아야 했다. 물론 그에게도 청춘의 한 페이지는 있었다. 주워들은 이야기에 의하면 강경애가 양주동을 만난 건 형부의 도움으로 들어간 평양 숭의여학교 시절이었다고 한다. 한창 연애가 무르익을 즈음 그녀는 동맹휴학에 참여했다는 이유로 퇴학당해 양주동과 함께 서울로 내려가 동덕여고 3학년에 편입을 하는데, 아쉽게도 둘의 연애는 거기까지였다. 이별의 속내까지야 알 수 없고 다만 짐작이 가는 건, 양주동이 주관하는 『금성』지에 '강가마'(가마는 강경애의 머리에 쌍가마가 있어서 부른 아명)라는 필명으로 「책 한 권」이라는 시를 발표한 바 있는 그녀가 같은 해에 '강악설'이라는 필명으로 양주동을 비평하고 나섰다는 정도다.

1934년 8~12월까지 〈동아일보〉에 『인간문제』를 연재한 강경애가 룡정을 찾은 건 연재를 마친 다음해였다. 1939년 룡정을 떠나 낙향하기까지 그는 이곳에서 안수길, 박영준 등과 함께 '북향회' 동인으로 활동했다.

비암산 일송정은 항일 선구자들의 상징이며, 조선의 열혈 청년들이 항전의 결의를 불태운 곳으로 널리 알려져 있다. 또한 백두산을 다녀가는 한국인들이 필히 들렀다 가는 코스이기도 하다. 그 일송정에 오르니 동쪽으로는 용정시와 세전이벌이, 서쪽으로 해란강과 평

강벌이 양팔을 벌리고 있다. 아쉬운 점은 1세기 전만 해도 "깎아지른 벼랑 끝에 서 있는 한 그루 소나무는 흡사 돌기둥에 청기와를 얹은 정자와 같다"고 해서 일송정一松亭이라 불렸다는 그 소나무를 지금은 볼 수 없다는 것이다. 예전 사진이라도 한번 보고 싶어 수소문해 보았으나 일본군들이 베어 없앴다는 입소문만 들려왔다.

아르바이트 소녀

일송정에서 내려오니 꼬르륵 시장기가 돌았다. 청국장을 하는 식당으로 들어서자 단발머리 소녀가 함박꽃으로 반겼다. 딸아이 또래나 되었을까. 유리 주전자에 차를 내와 나이를 물으니 중3이라고 했다.
"이 집 딸?"
"아닌데요."
"그럼, 아르바이트?"
"네."
방학 때만 아르바이트를 한다는 소녀의 월급은 500위안이라고 했다.
"돈은 어디에 쓸 건데?"
"책도 사고, 옷도 사고, CD도 사고……. 쓸 곳 많아요."
싱글벙글 웃던 소녀가 대뜸 한국의 '신화'를 아느냐고 물었다. 고개를 끄덕이자 이번에는 '전혜빈'을 아느냐고 물었다. 전혜빈? 거기까지는 정보가 입력돼 있지 않아 고개를 내저었더니 그럼 〈내 인생의 콩깍지〉라는 드라마를 본 적 있느냐고 물었다. 그제야 나는 소녀가 요즘 푹 빠져 있다는 그 드라마 속의 배우를 어슴푸레하게나마 떠올릴 수 있었다.

"일은 힘들지 않니?"

"배달이 조금 힘들지만 괜찮아요. 친구들도 다 하는 걸요, 뭐."

"일은 몇 시에 시작해서 몇 시에 마치는데?"

"오전 10시에 시작해서 저녁 7시에요."

괜히 물었나. 묻고 나니 하루 9시간 노동이라는 계산이 나온다. 차를 마시다 말고 나는 가방에서 핸드폰걸이를 꺼냈다.

"저한테 주는 거예요? 고맙습니다."

기뻐하는 소녀를 한 컷 담아볼 요량으로 가방에서 카메라를 꺼낼 때였다. 소녀는 펄쩍 뛰었다.

"지금은 싫어요. 이런 제 모습을 신화 오빠가 보면 얼마나 실망하겠어요?"

이럴 땐 명랑하다고 해야 하나 아니면 맹랑하다고 해야 하나? 밥값을 계산하고 나오는데 맹랑한 소녀가 생글생글 웃어가며 목욕 티켓을 내밀었다.

"식당을 나가면 우측에 목욕탕이 있어요. 이 표로 목욕하고 가세요. 목욕비는 공짜예요."

이런 식당도 있었나? 처음 겪는 일이라서 생소하기도 하고 조금 의아하기도 했다. 식당을 나와 찾아간 곳은 룡정실험소학교와 대성중학교였다.

서전서숙과 룡정의 학교들

보라색으로 단장한 룡정실험소학교 교정으로 들어서자 고종의 특명을 받고 네덜란드 헤이그 특사로 파견된 리상설이 자신의 재산을

털어 세운 '서전서숙瑞甸書塾' 기념비는 하얀 눈고깔을 쓰고 있었다. 카메라를 꺼내다 말고 나는 여행 도중 구입해서 읽은 조선족 작가 최홍일의 『눈물 젖은 두만강』의 한 대목을 떠올렸다. 참고로 이 소설은 조선인들이 국경을 넘어 만주로 이주해오는 과정을 그린 것으로, 리상설은 두 번째 권에 실명으로 나온다.

"여보, 옷을 꺼내주오. 이대루는 갈 수 없고."
"어떤 분이 오셨길래 당신 그렇게 흥분하세요?"
삼월이는 남편에게 옥당목 두루마기를 꺼내 입혀주면서 못내 신기해하는 눈치다.
"그 분은 대단한 분이시오."
리상설은 호가 부재, 자는 순오이다. 량반 가문에서 태여나 어려서부터 학문에 뛰여나고 담론에 능했다. 문과에 급제하여 벼슬길에 올랐는데 법부 협판(조선 말 외교·통상 관계 업무를 맡아보던 관직)을 거치여 의정부 참찬으로 되였었다. 을사보호조약이 체결되자 의분에 넘친 그는 거리로 뛰여나가서 눈물을 휘뿌리며 연설을 하고는 집에 틀어박혀 두문불출했었다. 그러다가 올해 봄에 로씨야 연해주로 망명을 한 터였다.
석준이가 최씨네 집에 들어서자 마흔에 가까와보이는 사람이 일어나서 맞아주었다. 중키에 기품이 의젓한 분이였다.
(…중략…)
한동안 인사치레를 주고받고 나서 리상설이 본론을 끄집어냈다.
"우리가 여기루 온 목적은 룡정촌에 신식학당을 꾸리기 위해서입니다."
"신식학당을요?"
석준이는 놀라는 한편 반갑기도 했다.
"그래요. 현재의 시국으로 보면 국력으로는 일본을 대적할 힘이 없습니다. 조선은 많은 면에서 뒤떨어져 있고 백성들은 깊은 잠에서 깨여나지 못하고 있습니다. 그런만큼 구국의 대계는 무엇보다 먼저 교육으로부터 착수해야 합니다."

학교를 세운 지 1년여 만에 일경日警의 방해공작으로 문을 닫고 말았지만 서전서숙은 북간도 근대항일민족교육의 요람이자 독립군 양성소였다. 이렇듯 룡정의 학교들은 저마다 반일투쟁의 역사를 갖고 있다. 혁명의 요람이라 불리는 대성중학교, 반일인재양성의 동흥중학교, 투쟁을 통해 성장한 영신학교가 그 터전들이다.
어머니의 품처럼 포근한 룡정의 거리들과 안녕을 고하던 나는 서둘러 룡정역으로 달려갔다. 지금은 폐쇄되어 볼품없지만 만주 항일투쟁 기간 동안 룡정역 광장은 모국의 독립을 갈구하는 함성이 하루도 끊이지 않았다. 조국을 떠나온 조선인들은 이곳에 모여 거리로 뛰쳐나갔다.

도문을 가다

비자가 나오지 않는 나라

　도문圖們 가는 버스표를 예매하는데 매표원이 목청을 높였다. 무슨 일일까? 순간 나는 터미널 안을 짯짯이 살폈다. 시선이 멎은 곳은 개찰구였다. 손목시계는 오전 8시 30분을 가리켰으나 차 타는 곳의 붉은 전광판은 12시에 멈춰 있었다. 여직원에게 목례를 한 나는 발길을 돌려 연길역 앞 터미널로 향했다(연길은 시외버스터미널 외에도 버스를 타는 곳이 서너 곳 더 있다).
　연길에서 도문까지는 55km.
　겨울 도보여행은 제일 먼저 추위와 싸워야 하는 터라 때때로 고단한 행군을 하기도 하는데, 도문에 도착했을 때는 매섭던 추위도 한풀 꺾여 있었다. 날이 좀 풀리니 고만고만한 키로 늘어선 비슬나무 가로수도 제법 운치 있어 보였다. 한여름에 더 시선을 끄는 비슬나무는 정원사의 가위질에 따라 단발머리로 변신하는가 하면 멋진 파라솔이 되기도 한다. 나무를 앳돼 보인다고 표현하기는 비슬나무가 처음이 아닌가 싶다.
　함경북도 남양시와 마주 보고 있는 도문대교에 다다르자 백두산에서 흘러내리는 '삼형제 강(압록, 송화, 두만)' 중에서 동東으로 흐르는 두만강이 그 모습을 드러냈다. 강폭이 100m나 될까. 두만강 다리 너머 이북 땅을 멍하니 쳐다보던 나는 속으로 '저기 저곳이 정말 이북이란 말인가?' 하고 혼잣말을 지껄였다. 반갑고, 기쁘고, 그리고 허망했다.
　한 뼘이라도 더 깊이 보고 싶었던 것일까. 통일에 대한 기약이 여전히 안개 속이어서 나는 전망대 관람권을 예매했다. 잠시 뒤, 안에서 표를 건넨 매표원이 매표소 뒷문을 열고 나왔다.

"따라오시라요."

젠장, 날도 추운데 2도만 더 올려서 맞으면 어디 덧나나! 되우뚱되우뚱 오리걸음으로 앞장을 선 매표원을 따라 여남은 걸음이나 뗐을까. 열쇠를 손에 쥔 여자가 철문을 따자 바로 코앞에 전망대로 오르는 나선형 철제계단이 버티고 있었다.

"겨울에는 손님이 많지 않아서리 시간을 조금밖에 줄 수 없습네다. 인차 보고 내려오시라요."

귀에 거슬렸지만 못 들은 척하기로 했다. 철제 계단이 어찌나 미끄럽던지 그녀의 말은 곧 잊어버렸다. 전망대를 찾은 여행객의 발길이 뜸했던지 옥상 면적의 전망대에는 사람의 발자국보다 새들의 발자국이 더 많았다. 줄자로 잰 듯 하얀 눈밭에 고만고만한 나무들을 심어둔 새들은 어디로 날아간 것일까? 다리도 건널목도 국경도 만들지 않고 훨훨, 동서남북 어디로든 가고 싶은 나라로 날아갔을 새들의 소식이 궁금했다.

인적이 뜸한 건 전망대만이 아니었다. 중국과 이북을 잇는 두만강다리는 서로 다른 얼굴을 하고 있었다. 다리의 반은 눈이 없는데 그 너머 반은 눈 발자국이 선명했다. 국제연합(UN)에 가입하고도 정작 제 민족에게는 국가로 인정받지 못하고 있는, 지난번 애국가를 부를 수 없다는 이유로 남아공 월드컵 예선전을 제3국에서 치르자며 초등생 수준의 해프닝을 연출했던…….

울적한 풍경을 카메라에 담은 뒤 전망대에서 내려와 중국 군인과 다리 한가운데로 가 보았다. 하루 평균 100여 명의 이북민들이 건너온다는 도문대교 중간에 다다르자 붉은 선 두 개가 누워 있고, 두 선 사이에 떡하니 변계선邊界線이 들어앉아 있다. 싱거운 국경이다. 녹슨 철조망만 인식하고 살아온 분단국가의 이방인한테는 사뭇 부러운 국경이기도 하다. 한 걸음만 더 내디디면 북녘인 것이다.

　중국이 그어놓은 선과 이북이 그어놓은, 그 붉은 선 한가운데 서 보았다. 막걸리 내기 똥통족구를 한판 벌인다면 딱 좋을 공간이었다. 김기덕 감독이 만들고 장동건이 출연한 〈해안선〉을 보던 날이었다. 그날 나는 가슴 한 켠이 찡했다. 사금파리를 수놓아 만든 한반도 지도 때문이었다. 한반도 허리에 네트를 쳐 편을 가른 군인들이 그곳에서 족구를 했는데, 첫 세트는 이남이 승리했다. 흐뭇한 광경은 그 다음에 펼쳐졌다. 첫 세트를 이긴 이남의 군인들은 북으로, 이북의 군인들은 남으로 내려갔다. 〈해안선〉은 그렇듯 승자도 패자도 없는, 게임을 마

친 군인들이 막사로 돌아가자 족구장에는 흙바닥에 수놓은 사금파리 한반도만 선명하게 남아 있었다.

추운 날씨에도 불구하고 사진까지 찍어준 군인에게 담배를 한 갑 내밀자 그는 받지 않았다. 담배를 피우지 않느냐고 물었더니 아니라고 했다. 자신은 군인이라서 받으면 안 된다고 했다. 앳돼 보이는 중국 군인의 그 한마디가 내 심장을 쿡 찔렀다. 청년의 정신이 살아 있는 나라, 그 나라만큼 아름다운 나라가 또 있을까!

앵벌이

머잖아 앨범 속 빛바랜 사진으로 남을 그 군인과 헤어져 강변을 거닐 때였다. 두만강 물줄기를 따라 유람선 선착장에 다다를 즈음, 두 소년이 길을 막아섰다.

"밥을 먹지 못했어요. 20위안만 주세요."

열네댓 살 됐을까. 앵벌이로 끼니를 때우는 두 소년의 행색을 보아하니 며칠 굶은 얼굴이다. 병색이 짙었다.

"너희 둘은 친형제니?"

"아닌데요. 같은 마을에 살아요."

"그래? 돈은 나중에 줄 테니 나하고 밥부터 먹으면 안 될까?"

"……."

함께 밥을 먹자는 나의 제의에 두 소년은 입을 꾹 다물었다. 순간, 아차 싶었다. 밥을 나누며 그들의 얘기를 들으려고 한 내 욕심이 두 소년에게 과민반응을 일으킨 것이다.

"밥은 됐고요, 20위안이 없으면 10위안만 주세요. 여기 오래 있다

공안한테 잡히면 또 끌려가야 해요."

"미안하다, 귀찮게 해서. 부모님은 안 계시니?"

"전에는 있었는데 지금은 없어요. 엄마는 한국으로 돈 벌러 나간 뒤 소식이 끊겼고, 아버지도 화가 나서 작년에 집을 나가 버렸어요."

그들의 입에서 '공안'이 튀어나오지 않았으면 모를까 더는 붙들어 둘 수 없었다. 바지 주머니에서 지갑을 꺼내는데 양친의 근황을 들려준 소년이 뭔가 다른 것을 요구했다.

"담배 줄까?"

"어떻게 아셨어요?"

"척 보면 알지. 나도 너만 할 때 피웠거든."

담배와 함께 라이터를 내밀자 두 소년이 허겁지겁 불을 붙였다. 뻐끔담배는 아니었다. 몽골에 갔을 적에 만난 두 소년(바이샤와 술드몽크는 고2로 정규수업이 끝나는 오후 2시면 허허벌판 탄광으로 달려

가 새벽 2시까지 막장을 오르내리는 아르바이트를 하고 있었다. 그것도 영하 30도를 밑도는 날씨 속에서)처럼 담배연기를 빨아들여 내뿜는 솜씨가 가히 일품이었다.

두 소년과 헤어진 나는 도문역 방향으로 길을 잡았다. 역시 두만강은 쓸쓸하고 아픈 강이다. 찾

아올 때마다 그랬다. 벌써 여러 해, 웃음을 잃어버린 강은 속으로 속으로 멍들어갔다. 하긴, 아비와 어미가 따로 사는 자식이 어찌 웃을 수 있으랴.

차량들이 꽁무니를 빼는 4차선 도로로 나오자 구멍가게 옆 길목에 '꼬맹이 여관' 입간판이 손을 흔들었다. 이름도 예쁜 그 여관 앞에서 걸음을 멈춘 나는 우두커니 생각에 잠겼다.

눈물 젖은 두만강

수난의 노래들이 들려주고 있듯이 일제강점기의 유행가는 우리 민족의 눈물과 설움의 대명사였다. 특히 1930년대 중엽에는 우리 가요에 대한 일제의 탄압이 날로 심해진 터라 노랫말에 은유적 수법을 사용하지 않고는 그들의 검열을 벗어날 수 없었다. 조국을 '님'으로, 조국해방을 '님은 언제나 오려나' 식으로 은유화한 것도 그런 이유에서였다.

> 두만강 푸른 물에 노 젖는 뱃사공/ 흘러간 그 옛날에 내 님을 싣고/ 떠나던 그 배는 어데로 갔오/ 그리운 내 님이여 그리운 내 님이여/ 언제나 오려나

얼마나 먼 길이었을까. 얼마나 먼 길이었기에 구구절절 애절함이 넘쳐나는 걸까. 1930년대 두만강나루는 일본군의 삼엄한 경비 속에서도 살길을 찾아 대륙으로 떠나는 조선 유민들로 붐볐다. 특히 남편과 이별을 앞둔 아녀자들의 오열은 두만강을 울리고도 남았다. 〈눈

물 젖은 두만강〉의 다음 절은 그래서 더 애절한지도 모른다.

> 강물도 달밤이면 목메어 우는데/ 님 잃은 이 사람도 한숨을 지니/ 추억에 목메인 애달픈 하소

극단 '예원좌藝苑座'가 중국 동북지방에 사는 조선인들을 찾아다니며 순회공연을 할 때였다. 룡정 공연을 마치고 도문에 도착한 공연단은 두만강 부근 여관에 투숙했다. 작곡가 이시우가 눈을 뜬 건 새벽녘 한 여인의 울음소리를 듣고서였다. 어느 말 못할 사연인가, 여인은 날이 밝도록 눈물을 거두지 못했다.

"저 여자가 저리 우는 거이, 서른도 아니 된 남편이 독립군으로 나갔다서리 그마이 숨을 끊은 모양입네다. 아까 물으니까네 일본놈 수비대 총에 맞았다 합네다."

여관 주인을 통해 그간의 사정을 전해들은 이시우는 그날 밤 미친 듯이 악보를 그려나갔다. 김정구가 불러 조선 대중의 심금을 울린, 일제에 의해 금지곡으로 묶인 〈눈물 젖은 두만강〉이 탄생하는 순간이었다.

흑백사진으로 일면식을 가진 바 있는 이시우를 떠올리며 여관 골목을 빠져나온 건 이미 점심때가 기울어서였다. 〈눈물 젖은 두만강〉의 악보를 튕겨가며 걷는데 저만치서 돌솥비빔밥이 손짓을 했다. 그러고 보면 사람의 입맛처럼 간사하고 정직한 녀석이 또 있을까. 고추장에 밥을 비벼 두어 숟갈 넘기자 입맛이 돋았다. 콩나물국에 쪽파를 숭숭 썰어 띄운 터라 국물 또한 시원했다.

점심식사를 마치고 찾아간 곳은 식당 주인이 일러준 '오공촌'이었

다. 뭐, 특별한 이유는 없었다. 조선족을 만나러 왔으니 그분들의 이야기나 한번 들어보자는 것이었다. 처음에는 지리에 어두워 택시를 탔다가도 다음번엔 버스를 타게 되고, 거리와 그 주변들이 차차 눈에 익을 즈음이면 튼튼한 두 발로 걷는 일이 나만의 여행 방식이자 즐거움이듯, 반세기를 훌쩍 넘긴 노인들과 이야기를 섞는 일은 내 생의 밀린 숙제와도 같았다. '인간'이 논리로 층을 이루는 것이라면 인생은 저마다 스토리를 갖고 있지 않은가.

오공촌 진금예 할머니

오공촌 촌장이 추천해준 월궁가月宮街 4위委 5조組 55호戶 판자촌으로 들어섰다. 나를 본 할머니는 "나 같은 할망구한테 무슨 이야기를 들을 게 있다고 이 먼 곳까지 찾아왔느냐"며 손사래를 쳤다. 그러나 나는 알고 있다. 평범함은 곧 그 나라와 사회를 가장 튼실하게 받쳐주는 기둥임을.

할머니와 10여 분 남짓 이야기를 나눴을까. 이제 준비가 되었다는 얼굴로 할머니는 이북 회령을 서두로 꺼냈다.

회령에서 머슴을 살았던 아버지는 내가 여섯 살 때 후두암으로 죽었어. 어머니는 이듬해 재가를 했고. 나하고 동생은 외할머니한테 맡겨졌는데, 그곳에서 사나흘 지냈나. 한 입이라도 덜어야 할 때여서 콩나물 기르는 집으로 일하러 갔어. 나이(8세)가 어리니까 콩 고르는 일을 주로 했는데, 참 묘하지. 아무 소리 않고 잘 견디다가도 주인집 아들하고 딸만 보면 왜 그렇게 심보가 뒤틀리던지. 엄마 원망 많이 했어. 엄마는 재가해서 새살림 차렸지만 나는 버림받은 자식이 되고 말았잖아.

하루는 수돗물 잠그는 걸 깜빡하고 연극 구경 갔다가 호되게 얻어맞은 적도 있었어. 돌아오니까 집안이 강이 돼 있는 거야. 나는 그날에서야 알았어, 내 엄마가 때리는 것과 주인 여자가 때리는 것은 다르다는 걸! 종이었지 뭐. 지금도 간간이 혼자서 웃는 건 주인 여자와 첩이 한 지붕 아래서 살았다는 거야. 그 집 사장은 나더러 자기 첩이 집에 잘 붙어 있는지 감시해서 보고하라고 했지만 그 짓도 오래가진 못했어. 따지고 보면 그것도 일종의 스파이 짓이잖아. 지금이야 아무렇지 않게 말하지만 그날은 얼마나 무서웠는지 몰라. 어린 나이에 첩자

짓 하다 들켰으니 어린 내 속이 오죽했을까. 그런데 이상했어. 사납기로 치자면 주인 여자보다 한 수 위인 첩이 아무런 소리를 않는 거야. 오히려 나한테 그 집에서 나갈 수 있는 방법을 가르쳐주지 않겠어.

'금예 네가 이 집을 벗어나려면 어떻게 해야 하는 줄 아니? 막 울어야 해. 그치지 말고 엉엉 울어야 해. 그래야 네가 어리다는 것을 알고 이 집에서 내보내 줄 거야.'

그렇다고 첩이 일러준 대로 할 수 있나. 외할머니가 그 집에서 시집갈 때까지 잘 지내야 한다고 내 귀에 못을 박았거든.

아홉 살 먹고 열 살을 먹으니까 이제 못하는 일은 없었어. 밥도 척척 빨래도 척척. 그래도 소원이 하나 있었어. 왜 그렇게 학교에 가고 싶었는지 몰라(할머니는 이 말을 하다 말고 울먹이셨다). 일은 시키면 시키는 대로 하겠는데 하고 싶은 공부를 못하니까 병이 나더라고. 그래 한 날은 첩이 일러준 대로 미친 사람처럼 울어댔어. 처음엔 거짓말로 울었는데 울다 보니까 나도 모르게 엉엉 울고 있지 않겠어. 꼬박 이틀을 미친년처럼 울어대니까 주인 여자가 조막막한 네년한테 앞발 뒷발 다 들었다며 혀까지 찼더랬어.

다음날 외할머니한테 보내주어 낮에는 밭일하고 밤에는 야학을 다녔어. 내 인생에서 그때처럼 행복한 시간이 또 있을까! 기름불 켜 놓고 밤잠을 설쳤는데, 두 해가 어떻게 지나갔는지 몰라.

내 나이 열일곱 때야. 외할머니가 시집을 보내줬어. 그때 남편이 나보다 일곱 살 많았는데 시어머니에 시동생, 시누이까지 있었어. 그뿐인 줄 알아. 덮고 잘 이불은 고사하고 밥 지을 나무, 심지어는 밥 담을 그릇조차 없었어. 기막힌 인생이었지 뭐.

혁명(문화혁명) 때는 그만 몹쓸 병에 걸려 족쇄 차고 정신병원에서 지낸 적도 있었어. 그곳에서 열 달 넘게 지냈나. 처음엔 견딜 만하더니 차츰 시간이 흐르면서는 저희 놈들 맘대로 다뤘어. 병을 고쳐준 게 아니라 더 깊게 만든 거야. 마침 신랑이 데리러 와서 퇴원을 하긴 했는데 이번에는 또 이웃들 눈초리가 보통 따가워야지. 다른 곳도 아니고 젊은 새댁이 정신병원을 다녀왔으니 그럴 만도 했을 거야. 반 년 넘게 미친년 소리를 들었던 것 같아.

그리고 두어 달 지났나. 같은 마을에 사는 당 간부가 마을 주민은 한 사람도 빠짐없이 소학교 강당으로 모이라고 했어. 무슨 일인가 싶어 나갔더니 혁명 때 고생하며 살았다고 생각하는 사람은 주저 말고 손을 들라고 하지 않겠어. 나야 인차 들었지 뭐. 그런데 그 이야기를 주민들 앞으로 나와 해 보라는 거야. 그날 나까지 해서 여섯 명이 불려나가 맺힌 것들을 털어놨는데 운이 좋았던 모양이야. 당 간부가 내 이야기를 연극으로 만들어 공연한다고 했거든. 그런데 일이 터지고 말았어. 두근대는 가슴을 안고 집으로 돌아왔더니 글쎄, 남편이 내 뺨을 후려갈기지 않겠어. 남편을 우습게 알고 집안 망신시켰다는 거였지, 뭐.

맏며느리는 벙어리로 3년, 귀머거리로 3년, 장님으로 3년을 산다는 말이 있어. 내가 그렇게 살았어. 내 별명이 그래서 곰이야. 우리도 한국 텔레비전 자주 보는데 요즘은 '지금 만나러 갑니다', '꼭 만나고 싶었습니다'를 방송하더구먼. 그걸 보면서 얼마나 우는지 몰라. 우리 조선족도 그런 방송하면 얼마나 좋아. 만나고 싶은 사람 만나지 못하고 죽으면 한이 되잖아. 자식을 버린 엄마가 20년 만에 그 자식을 다시 만나 용서해 달라고 비는데, 내 억장이 무너지는 것 같았어. 우리가 일본한테 그 짓 당하지 않고 전쟁만 없었다면 얼마나 좋았을까…….

도문에 온 건 1950년 11월이야. 그때 여기, 아무것도 없었어. 밭 조금하고 늪지대가 전부였지. 지금이야 두만강이 볼 게 없지만 그땐 굉장했어. 비만 왔다 하면 물난리가 났어. 이웃하며 살던 한족들이 빠져나간 건 6·25가 터졌을 때야. 미국놈들 비행기가 하루도 거르지 않고 폭탄을 퍼부어대니 겁 많은 떼놈들이 견딜 재간이 있나. 그때 많이들 도망갔어. 우리야 오갈 곳 없는 신세들이니 죽고 사는 건 하늘에 맡길 수밖에 없었지 뭐.

누군가의 한 생애가 내 삶 속으로 스미어 강이 되고, 산맥이 되고, 비바람 눈보라가 된다는 것! 배웅하는 할머니를 뒤로 하고 골목을 빠져나오는데 가슴이 따뜻해졌다. 오늘은 너무 많은 선물을 받은 기분이었다.

시장 엿보기

여행 도중에라도 해찰하듯 잠깐 엿보고 싶은 곳이 있다. 시장이 바로 그곳이다. 하릴없이 기웃거리다 보면 그 도시민들의 의식주를 한눈에 꿸 수 있는데 만주는 특히 새벽시장이 이채로웠다. 새벽 5시경 전을 폈다가 출근시간에 맞춰 전을 거두는 훈춘의 난전이나 연길의 수상시장은 군입질을 하지 않고는 견딜 수 없을 만큼 먹을거리로 넘쳐났다.

버스터미널로 가다 말고 선회한 것도 그 때문이었다. 보온효과를 높이기 위해 친 가리개를 밀치고 들어서자 시장 안은 또 다른 세계였

다. 콩나물 전에는 콩나물들이, 두부를 파는 전에는 두부가 산더미처럼 쌓여 있었다. 그중 입맛이 당기는 곳은 역시 주렁주렁 매달린 백열전등 불빛 아래 기다랗게 늘어선 식육점 코너였다. 고기를 즐기는 대륙답게 그 전은 끝이 아스라했다.

 둘을 비교하는 일이 썩 좋은 건 아니지만 그나마 중국은 몽골보다는 양호한 편에 속했다. 몽골은 야생으로 키우는 짐승들이 대부분이어서 육질이 상당히 질겼는데 그들과 보조를 맞추려면 필히 보드카를 곁들여야 했다. 아무런 양념도 하지 않은 삶은 고기가 뚜벅뚜벅 식탁에 오른 것이다. 그러고 보면 그 나라의 주식이 고기냐, 빵이냐, 쌀이냐 하는 문제는 그 나라의 문화를 가늠하는 척도가 아닌가 싶다.

입으로 들어가는 음식을 통해 그 나라 국민의 성격은 물론이고 인성까지도 진단할 수 있기 때문이다. 술의 도수도 예외는 아니라고 본다. 그 나라의 기후에 따라 알코올의 도수도 높아지고 낮아지는 것이다.

시장은 단순히 물건을 사고파는 곳이 아니다. 사람과 공간을 한데 묶어주는 역할을 하는 것이 시장이다. 지금이야 그날의 흥겨운 마당들이 사라지고 없지만 스무 해 전만 해도 시장은 서민들의 소박한 무대예술이었다. 어디 그것뿐일까. 장터는 민중들의 집회 장소로도 활용되었다. 조정래의 『태백산맥』에도 그 같은 구절이 나오는데 민란의 불길이 시작된 곳도, 일제의 총칼에 맞서 독립만세를 외쳤던 곳도 다름 아닌 저자였었다. 이처럼 시장은 세상 돌아가는 흐름과 함께 그 소식들을 한눈에 꿸 수 있는 바로미터의 장소라고 할 수 있다.

시장 구경을 마치고 밖으로 다시 나왔을 때다. 시장 입구에서 군고구마를 팔고 있는 아낙이 손짓을 했다. 그러나 아낙은 내가 카메라를 꺼내들자 손사래를 쳤다.

"아이, 사진은 아니 됩니다."

"그럼 어쩔 수 없네요. 나는 군고구마도 사고 사진도 찍으려 했는데……."

바로 그때였다. 옆에서 사탕을 팔고 있는 아주머니가 눈웃음을 쳤다. 갈 길 급한 사람처럼 그는 됫박에 사탕을 담으며 짜잔, 포즈까지 취했다.

오늘 아침 버스터미널에서도 부딪힌 일이지만 중국의 군고구마 장사꾼들은 출퇴근시간이 따로 없다. 널려 있는 게 군고구마 수레다. 한국 돈으로 400원어치만 사면 군것질 대용으로 그만이고, 여기에 겨울철에 값이 누그러지는 곶감을 곁들이면 술안주로도 손색이 없다. 아, 참! 빠트린 게 하나 있다. 군고구마를 팔 때는 저울로 달아준다. 중국에서는 주판과 손저울, 눈금저울, 첨단의 계산기가 아무렇지 않게 공존하는데, 젊은이들은 톡톡 전자계산기 숫자판을 건드려 계산을 하고, 연세가 지긋한 주인장은 코 밑으로 처지는 돋보기안경을 밀어 올리며 주판고동을 튕기는 모습을 심심찮게 볼 수 있다.

또 하나 새로운 사실은 남녀평등이다. 재래시장이나 쇼핑센터에 가 보면 장바구니를 든 사람 중 열에 여덟은 다름 아닌 남자들이다. 같은 유교주의 바탕에서 변화를 모색해왔지만 오늘의 중국과 한국은 전혀 다른 모양을 하고 있었다. 한국에 거주하는 조선족에게 들은 이야기지만 그들이 한국에 와 가장 납득하기 어려웠던 점은 여성들만의 가사전담이었다고 한다.

홍범도와 봉오동

연길에서 도문으로 가는 버스를 타고 가다 보면 도문 톨게이트에 다다를 즈음 왕청현으로 갈라지는 길이 나온다. 그곳에서 내린 나는 수남촌 水南村을 향해 걷고 또 걸었다. 어제 잠깐 포근하던 날씨는 다시 얼어붙었고 오늘은 바람까지 사납다.

버스에서 내려 반시간가량 걸었을까. 파란색 이정표가 시야에 들어왔다. 다리 건너 야트막한 산중턱에 하얀 탑도 보였다. 저만한 키에 흰색 바탕이면 필시 혁명열사탑이 분명했다.

반갑고 고마운 수남촌 이정표에게 인사를 건네고 봉오저수지로 향할 때였다. 길 왼편 야산 몇 곳이 시멘트로 봉해져 있었다. 갱 입구만 한 크기였다. 무엇일까? 봉오동전투지를 답사하고 들른 가게 주인의 말에 따르면 저 굴은 중·일전쟁 때 이곳 주민들이 몸을 숨긴 곳이라고 했다. 특히 이 일대는 홍범도 장군이 일전을 벌인 곳이어서 주민들은 집보다 저 굴속에서 보낸 시간이 더 많았다고 한다.

봉오저수지 입구에 도착해 돈을 꺼내는데 아무런 인기척이 없었다. 하하, 오늘은 일요일이었다. 나는 속으로 쾌재를 불렀다. 입장료 10위안이 굳은 것이다. 상쾌한 발걸음으로 '봉오동 5구 대주둔지' 비가 서 있는 지점에서 안으로 더 들어가자 '봉오골 반일 전적지' 기념비가 보였다. 이곳이 바로 반일명장 홍범도가 만주 독립운동 전투에서 최초로 승전보를 전한 곳이다.

1920년 6월 7일 반일명장 홍범도를 사령으로, 최진동을 부장으로 한 조선독립운동대한북로군부(반일독립군)는 협산벽곡 봉오동골에서 두만강을 건너 침입한 야스카와 소좌가 거느린 일군 19사단 소속부대, 아라요시 중위의 남양경비대와 싸워 세계를 진감한 반일무장투쟁의 첫 봉화를 지폈다.
반일독립군은 빈틈없이 매복진을 쳐놓고 있다가 오후 1시경 일군이 기어들자 삼면고지에서 일제히 불벼락을 퍼부었다. 이 맹격전에서 일군 150여 명을 살상하고 10여 명을 부상 입혔으며, 보총 60여 자루와 기관총 3정 및 권총과 탄약 등 무기를 로획했다.

연변반일무장투쟁에서 거둔 이 승첩은 일본 침략자의 기염을 여지없이 꺾어놓았으며 인민대중의 반일투지를 크게 북돋아주었다.

유적지를 찾아가 기념비에 새긴 비문을 읽노라면 그날의 기운과 의지, 그리고 결의에 찬 함성이 살아 숨 쉬는 걸 느끼게 되는데 봉오동전투 기념비의 비문은 그 감회가 조금 다른 것 같다. 웅장하고 화려하지 않으나 한 그루 장송처럼 의연하다 할까. 만주를 떠돌며 본 기념비 중에서는 가장 인상적인 모습이다. 그래, 홍범도답다.

평안도 머슴 출신인 홍범도는 태어난 지 이레 만에 어머니를, 아홉 살 되던 해에는 아버지마저 잃었다. 자신의 나이를 속여 조선 평양우영에서 나팔수로 복무하다 탈영한 전과를 갖고 있는 그는 이후 금강산 신계사에서 승려로 머물 때 글을 깨치는데, 무엇보다 그는 자신의 생계를 사냥으로 꾸려갈 만큼 포술에 뛰어났다. 함경도 삼수, 갑산, 혜산 등지에서 활동하는 포수들을 규합해 항일 무장독립운동에 뛰어든 것도 그 무렵이었다. 그는 가문으로부터 물려받은 재산을 풀어 독립운동에 뛰어든 여타 사례와는 달리 자신이 직접 막노동을 해서 번 돈으로 의병을 조직했다. 1921년 1월에는 모스크바에서 열린 '극동공산주의 혁명조직 제1차 대회'에 참가해 레닌을 만나기도 했다.

그때의 인연 때문이었을까. 청산리전투 이후 홍범도의 삶은 그다지 순탄한 것만은 아니었다. 조국으로 돌아가지 않고 러시아에서 활동했다는 것이 그 이유였다. 1927년 정식으로 러시아 공산당에 입당한 그는, 1937년 스탈린의 한인강제이주정책에 의해 카자흐스탄으로 쫓겨 가 그곳에서 파란의 생을 마감했다.

누군가 떠나고 없는 길이 그렇듯이 당시 전투가 치러졌던 저수지 쪽으로 걸음을 옮기던 나는 만주를 떠돌며 배운 〈홍범도 찬가〉를 불러 보았다.

홍대장 가는 길에는 일월이 명랑한데
왜적군 가는 길에는 눈비가 쏟아진다
엥헤야 엥헤야 엥헤야 엥헤야
왜적 군대가 막 쓰러진다
왜적 놈이 게다짝 물에 던지고
동해 부산 건너가는 날은 언제나 될까
엥헤야 엥헤야 엥헤야 엥헤야
왜적 군대가 막 쓰러진다

한 인물을 기리는 시와 노래에는 어떤 사연이 담겨 있는 것일까? 또 그 노래들은 우리 주변에 어떤 반향을 일으킨 것일까? 내가 만주를 떠돌며 배운 노래들 중에는 곡曲이 없는 노래들이 많았다. 가만, 조선에 떠돌던 대부분의 아리랑들이 그 모습을 하고 있었던가. 그리고 보니 입에서 입으로 바람을 탔던 그 설움들을 조금은 알 것도 같다. 1910년대 대표적인 노래였던 〈신독립군가〉, 〈봉기가〉, 〈최후의 결전〉 등이 바로 그러했던 것이다.

도문시의 식수로 사용하는 봉오저수지는 꽁꽁 얼어 있었다. 기록을 더듬어 보건대 봉오동의 첫 마을인 하촌을 시작으로 태촌, 마촌, 박촌, 조촌, 강촌, 호박골이 십 리 안팎으로 터

를 잡았다고 했었다. 그 중심에는 전투가 치러졌던 일광산이 있었고. 내 눈으로 보아도 일광산 골짜기는 한 폭의 산수화이면서 천연요새였다. 높지 않은 산(398m)은 곳곳에 덫을 쳐 놓은 듯했다.

아름다운 길

봉오동전투지에서 내려오자 두만강 쪽에서 앞바람이 몰아쳤다. 털모자를 꾹 눌러 쓴 나는 도문역 방향으로 길을 잡았다. 바로 그때, 투정부리는 아이처럼 삼륜차가 지나갔다. 이국에서의 여행이 흥미로운 건 이 때문인지도 모른다. 아스팔트 위로 마소를 앞세운 수레가 지나갈 때면 나는 한동안 자석이 되곤 했다. 알게 모르게 얻은 상처들을 저 길에 부리고 싶은, 시속 100km로 주행하는 자동차와 엉덩이에 채찍을 맞아가며 딸각거리는 저 마차의 공존이 더없이 평화로운 것이다.

버스터미널에 도착해 운행시간표를 확인한 나는 점심을 요기한 뒤 룡정행 버스에 올랐다. 미리 밝혀두자면 이 길은 내가 만주에서 두 번째로 아끼고 사랑하는 길이다. 뿐만 아니라 이 길은 유일하게 버스를 타고 여행하는 나만의 코스이기도 하다. 도문에서 룡정으로 가는 버스를 타면 시초의 조선족 마을들을 두루 구경할 수 있는데, 왼편으로는 두만강과 이북의 산하가, 오른편으로는 조선족 마을이 펼쳐진다.

도문을 출발한 버스가 마패를 지나 선구촌船口村으로 접어들고 있었다. 나는 무슨 비밀이라도 간직한 사람마냥 속으로 '사이섬'과 '선구자'를 떠올렸다. 그 둘은 필시 선구촌과 연관이 있을 거라는 생각 때문이었다.

혹자는 조선의 유민들이 만주에 제일 먼저 발을 붙인 곳이 훈춘이라고 주장하기도 하고, 다른 축은 선구촌을 내세우기도 하는데 문제는 선구촌에 세운 사이섬 기념비가 쥐도 새도 모르게 박살이 났다는 것이다. 물론 범인은 잡지 못했다. 다만 짐작이 가는 건 동북아공정 이후 조선의 역사와 관련한 곳이면 검은손을 뻗치는 누군가가 있다는 것이다. 윤동주 생가의 시비에 새긴 비문이 어느 날 갑자기 뭉개지고, 유적지를 알리는 이정표들이 자고 나면 어디론가 사라지고 없는 것이다.

선구촌을 지나온 버스는 개산툰에 정차했다. 개산툰에서는 15분 가량 정차하는데, 터미널 옆 개산툰역은 그동안 만주를 여행하면서 본 역사驛舍들과 비교하면 그 생김새부터가 달랐다. 조선의 아이가 크레용으로 그린 그림 같은 단아함이 고스란히 전해져 온다고 할까, 기회가 주어진다면 느티나무 잎이 우거진 여름에 꼭 와 보고 싶었다.

또 아는가, 역 앞마당에 평상을 펴고 수박을 쪼개어 먹을지……. 조선 사람이면 충분히 그러고도 남을 것이다.

늑장을 피우던 버스가 시동을 걸었다. 개산툰을 벗어나자 차창 밖으로 광활한 들이 펼쳐졌다. 조금 전 들과는 다른 얼굴이었다. 이제야 대륙으로 진입해 들어가는, 그러나 언제 어느 때 보아도 몽골몽골 굴뚝 연기가 피어오르는 촌가의 해질녘 풍경은 고즈넉했다.

김학철의 '나의 길'

중국에 온 지도 벌써 닷새째. 속옷은 이틀에 한 번 갈아입더라도 걷는 사람에게 양말은 게으름을 피울 수 없다. 열 손가락 손처럼 노출되어 있다면 모를까, 신발을 신어야 하는 발은 보송보송한 청결을 원하기 때문이다.

그동안의 여행이 곤했던 모양이다. 눈을 뜨니 몸이 천근이다. 속옷과 양말을 꺼내 미지근한 물에 담가둔 나는 룡정 신화서점에서 산

『나의 길』을 펼쳤다.

"나는 발표도 하지 않은 한 편의 소설 때문에 단 하루의 깔축도 없는 만 10년 동안을 그 지긋지긋한 철창 속에서 허구한 날 배를 곯으며 죄수살이를 해야 했다."
"마지막으로 짐을 챙길 때 내가 굳이 『고요한 돈강』 상·하 두 권만 넣어가지고 가야 한다니까 23살의 젊은 색시였던 집사람은 두 말없이 가방 속에 들어 있던 화장품 상자를 꺼내고 그 자리에 책 두 권을 대신 밀어 넣었다."
"이 세상의 불행은 단독으로 오지 않는다."

대못에 찔린 듯 목 언저리가 아렸다. 화장품 대신 미하일 숄로호프의 『고요한 돈강』을 가방에 챙겼다는 대목에 이르러서는 코끝이 찡했다.
선생의 격정적인 문장은 이것 말고도 또 있다.

"100만 대 1이라는 절대적인 열세에 처해가지고도 감히 자기의 옳음을 주장할 수 있는 사람이라면 참된 작가들의 행렬에 끼일 자격이 있다고 보아야 하겠지요."

조선족 작가 김학철(1916~2001년)의 그 유명한 '100만 대 1' 설이다.
조선의용군 최후의 분대장으로 더 잘 알려진 김학철은 서울 보성고 재학시절 이상화의 「빼앗긴 들에도 봄은 오는가」를 읽다가 마음의 변화를 일으킨다. 이어 그는 가슴에 윤봉길을 품는데, 상해공원에

서 열린 일본의 전승기념행사장에 투척한 윤봉길 의사의 폭탄이 그 계기가 되었다.

　작심했으면 길을 떠나랴? 제2의 윤봉길이가 되어보겠다고 결심한 김학철은 그동안 모은 돈을 쥐고 1936년 4월 상해로 가는 기차에 올랐다. 그의 각오가 혁명으로 접어드는 길이었다. 상해에 도착한 그는 조선민족혁명당중앙본부를 거쳐 본격적인 테러활동을 전개했던 것이다.

　선생의 글을 접한 건 1988년이었다. 세 권으로 된 『격정시대』를 읽으면서 나는 소설보다 소설가의 삶에 그만 넋을 놓고 말았다. 테러활동과 전쟁, 감옥살이로 이어지는 선생의 이력 앞에 그만 정신이 몽롱해진 것이다.

　책 이야기가 나온 김에 한마디만 덧붙여 볼까 한다. 만주로 여행

올 때는 되도록 여행 가방에 한국에서 발간한 책은 넣지 말았으면 하는 것이다. 신화서점에 가면 중국 서적은 물론이고 조선족, 한국, 이북에서 출간한 책을 손쉽게 구할 수 있다. 책을 읽다 보면 '웨르테르'와 같은 단어 앞에서 잠시 망설이게 되는데, '울라지보스또크'가 '블라디보스토크'로, '웨르테르'가 '베르테르'로 바뀔 즈음이면 만면이 환해질 것이다.

언제 한번 눈여겨봐야지 하고 마음에 두었던 터미널 안 '도로거리 가격표'를 오늘 아침에야 찬찬히 살폈다. 화룡행 버스표를 예매하고 나자 마침 20여 분의 자투리가 생겼다.

돈화 146km(16위안), 이도백하 230km(24위안), 목단강 273km(48위안), 하얼빈 600km(98위안), 대련 1194km(319위안)……. 그 옆에 러시아로 가는 노선도 있었다. 크라스지뇌 169km(150위안), 스라브잉카 235km(170위안), 우쑤리스크 395km(230위안).

도로거리 가격표를 확인한 나는 부럽기도 하고, 은근히 배가 아프기도 했다. 비행기나 배를 타지 않고는 국경을 넘을 수 없는, 불행한 나라에 살고 있는 까닭이다. 화룡행 버스에 오르는데 아버지와 어머니가 이혼하는 바람에 졸지에 사생아가 된, 그런 기분이었다.

청산리 가는 길에

연길에서 화룡까지는 77km. 한국에서는 한 시간이면 목적지에 닿을 거리지만 중국에서는 가봐야 안다. 그리고 손님이 왕이라는 생각은 아예 하지 않는 것이 좋다. 주인이 곧 왕이기 때문이다.

성수기에는 백두산을 찾는 한국인들로 넘쳐난다는 화룡도 썰렁하기는 마찬가지였다. 겨울철에는 1일 3회밖에 운행하지 않는다는 청산리행 버스도 이미 떠난 뒤였다. 네 바퀴가 떠났으면 두 발로 가? 그건 무리였다. 한국인 외에는 청산리를 찾는 사람도 없거니와 자칫 잘못하면 길을 잃을 수도 있다는 소리를 들었던 것이다.

터미널 밖으로 나오자 택시 기사들이 벌떼처럼 달라붙었다. 그중 한 기사가 청산리를 갈 거냐고 물었다. 고개를 끄덕이자 그는 다른 기사들을 따돌릴 요량으로 내 손목을 잡아끌었다.

"저자들은 조선말을 할 줄 모릅니다."

언어소통이 가능한 기사를 만났으니 나로서는 절반은 성공한 셈이었다, 물론 기뻐하기에는 아직 일렀다. 흥정은 이제부터였던 것이다. 먼저 나는 그에게 소요 시간부터 물어보았다.

내 딴에는 적절한 선(80위안)에서 흥정을 마쳤다고 생각했으나 일은 엉뚱한 곳에서 터졌다. 주행 도중 기사와 얘기를 나누던 나는 어딘가 모르게 그의 조선말이 어눌하다는 걸 알았다. 택시를 세운 나는 그에게 조선족이 확실하냐고 다그쳤다. 순간, 그의 얼굴이 돌처럼 굳었다. 그렇다고 차에서 내릴 수도 없는 일이었다. 운전 중인 사람을 더는 자극하고 싶지 않아 조선말을 배우게 된 동기를 물었더니 그는 대뜸 한국인 관광객을 들먹였다.

"화룡은 여름에 청산리와 백두산을 찾는 한국 여행객이 제법 많습니다. 택시도 가장 많이 이용하고요. 하지만 한국 여행객 대부분은 택시 기사가 조선말을 못하면 아예 타지 않습니다."

조선족을 내세워 나를 속였다는 괘씸한 마음도 시나브로 사라지고, 조선말을 배우게 된 동기에 이어 장춘에서 대학을 다니는 아들의 이야기를 꺼내는 순간 나는 나보다 한 살 아래인 그의 고군분투에 박수를 쳐주고 싶었다.

"한 달에 1000위안은 송금해줘야 아들의 학비와 기숙사비가 해결되는데 죽을 지경입니다. 택시만 현금을 주고 샀어도 숨을 좀 쉴 텐데 2만 위안을 빌려서 샀습니다. 한 달에 2000위안 벌어서 아들한테 1000위안 보내주고 나면 2만 위안 빌린 것 이자 갚기도 빠듯합니다. 겨우 목에 풀칠하는 정돕니다. 아까 조선족이라고 둘러댄 것도 급한 마음에서 그런 것이니 용서 바랍니다."

중국의 수도 베이징도 예외는 아니지만 특히 연변조선족자치주를 달리는 택시 대부분은 중고차다. 소형 중고차는 2만 위안, 중형 중고차는 3만 위안 정도 하는데 적은 돈은 아니다. 시청에서 20년 이상 근무한 공무원이 1년 반 동안 한 푼도 쓰지 않고 모아야 할 액수인 것이다. 물론 벌이는 괜찮다고 한다. 회사택시가 아닌 개인택시로 등록을 하기 때문이다.

택시는 비포장도로인 송화평을 지나 록수평, 십리평을 향해 달리고 있었다. 차창 밖 정경이 사뭇 대조적이었다. 마치 좌우로 편을 가르듯 우측엔 밭과 구릉이, 좌측으로는 낮게 엎드린 무논이 드넓게 펼쳐졌다. 또 산과 구릉, 들판은 형제처럼 가슴을 맞대기도 하고 더러 등을 기댄 채 어딘가를 응시했는데, 순간 나는 그 응시가 어쩌면 돌아오지 않고 있는 전사들의 기다림이 아닐까 하는 생각을 해보았다. 청산리 전투가 시작된 삼도구三道溝('도구'는 골짜기를 뜻함)에서 백운평까지를 이곳 사람들은 '60리 계곡'이라고 부르는 까닭이다.

차창 밖 정경에 빠져 있던 나는 잠시 시곗바늘을 1911년 6월로 돌렸다.

국내에서는 더 이상 의병활동을 할 수 없게 된 홍범도, 유인석, 이범윤은 연해주 지역의 의병 조직을 망라한 13도의十三道義을 조직했다. 뒤이어 그들은 연해주 각지를 전전하며 뜻있는 사람들을 모아 권업회勸業會, 사관학교(황청현), 대한독립군(안도현) 등 독립투쟁을 위한 본격적인 작업에 착수했다. 그 무렵 김좌진도 서일을 중심으로 한 '대한정의단'에 가담, 같은 해 12월에 이 조직은 '북로군정서'로 개편되었다.

눈 덮인 청산리

　독립군이 마을에 나타나면 서로 먼저 집을 내주고, 자신들은 한뎃잠 자는 걸 큰 영광으로 여겼다는 청산리에 도착한 건 정오가 다 되어서였다. 마을 주민들과 그 전사들을 기리기 위해 세운 청산리대첩 기념비를 향해 오르는데 계단이 가팔랐다. 중간쯤에 이르자 "위험한 곳이니 가까이 하지 말라"는 경고판이 눈에 들어왔다. 무슨 뜻일까? 경고문을 확인한 건 기념비 앞에 마주섰을 때다. 상석 좌측면이 훼손돼 있고, 경계석은 절반 이상이 무너져 내린 상태였다. 자세히 들여다보니 상석에 쓰인 글자마저 한 자 한 자 자취를 감추고 있었다.
　담배를 피워 물며 나는 마을을 내려다보았다. 당시 200호를 웃돌았다는 청산리는 조막만 한 얼굴을 한 채 눈에 덮여 있었다. 최후까

청산리를 가다 95

지 남은 자는 어떤 사연을 갖고 있는 것일까? 최후까지 남은 20여 호 초가를 내려다보며 나는 거듭거듭 '최후'라는 단어를 곱씹었다. 죽음보다 더 두려운 '변절' 때문이었는지도 모른다.

청산리 항일대첩은 1920년 10월 21~26일 김좌진·홍범도가 통솔하는 항일련합 부대가 화룡시 2~3도구道溝에서 협동 작전으로 백운평 와록구 어랑촌 874고지 고동하반 전투 등 크고 작은 격전을 거쳐 일본침략군을 섬멸한, 소수로 다수를 타승한 이 전과는 연변 내지 동북지역 반일무장 투쟁사상 새로운 시편을 엮음은 물론 조선인민의 반일민족 독립운동을 추동한 력사로서 청사에 새겨졌어라.

청산리대첩은 또 '일군 무적'의 신화를 깨트리고 일본 군국주의의 위풍을 추풍낙엽처럼 쓸어버렸거늘, 그 실패를 달가와 않은 일본 침략군은 연변지역의 무고한 백성에 대하여 선후로 2600명을 참살한 보복의 '경신년 대학살'을 감행했은즉, 그 죄 하늘에 사무치고 그 참상에 치가 떨리는도다.

대부분의 기념비들이 다 그렇겠지만 청산리대첩 비문은 보는 이로 하여금 갑갑증을 불러일으켰다. 왜 그리도 조선어가 너저분하고, 곳곳에 자신을 기념하는 풍선들이 둥둥 떠 있는 것인지……. 여기에 인용한 비문은 그나마 손을 좀 댄 것이다.

봉오동전투에서 패한 일본군은 간도지방의 항일운동을 근절하기 위해 훈춘, 왕청, 룡정지구에 군사를 보내는가 하면, 러시아 연해주에서 철수하는 제14사단을 남시시켰다. 뿐만 아니라 그들은 요동지구로 출병한 관동군까지 동진시켜 연변지구를 포위하는, 당시 일본군의 총 병력은 2만 5000여 명에 달했다.

심상치 않은 일본군의 움직임에 일전을 각오한 조선의 항일 부대들도 1920년 10월 화룡현 서북 산간지대로 속속 집결했다. 항일 부대 병력으로는 김좌진이 이끄는 북로군정서군이 약 1800명, 홍범도 대한독립군이 약 300명, 안무 국민회가 250명, 신민단·광복단이 각각 200명, 한민회·의민단이 각각 100명, 그리고 이범석이 이끄는 사관학교 졸업생 200명과 신병 270명이었다. 일본군 2만 5000에 비하면 독립군 수는 새 발의 피라고 할 수 있었다. 그러나 조선인의 빛나는 고집 중 세세토록 빛날 고집이 하나 있다면 그것은 길고 짧은 것은 재봐야 알 수 있다는 것! 김좌진이 이끄는 제1진은 백운평 북쪽 닭볏바위 부근에, 이범석이 이끄는 제2진은 해란강 상류 직소에 매복해 있었다.

정적의 밤이 지나고 10월 21일 아침, 해가 떠오르고 있었다. 일본군 보병 제73연대 선두 부대 200여 명은 김좌진과 이범석 부대가 매복한 골짜기로 들어서고 있었다. 밤을 꼬박 새며 적군을 기다린 항일군은 그 절호의 기회를 놓칠 수 없었다. 호랑이 굴로 들어서는 일본군을 향해 일제히 사격을 가하자 일본군 선두 부대는 일순간에 아수라장이 되고 말았다. 청산리전투의 첫 승전보를 알리는 순간이었다.

이어 22일에는 홍범도가 이끄는 연합부대가 완루구에서, 23일 새벽에는 대한군정서군이 천수평에서, 같은 날 대한군정서군과 연합한 부대가 어랑촌에서, 24일과 25일 양일에 걸쳐서는 서구·천보산 부근에서, 25일과 26일에는 고동하곡에서 각각 승전보를 전해왔다.
　반면 퇴각하는 일본군의 민간학살(경신년 대학살)은 남녀노소를 가리지 않았을 만큼 그 보복이 치를 떨 지경이었다. 집 안에 가둔 채 불을 지르는가 하면, 손바닥에 구멍을 뚫어 쇠줄로 꿴 다음 질질 끌고 다니기 일쑤였다. 심지어는 얼굴의 가죽을 몽땅 벗기고, 안구를 뽑는 등 그들의 만행은 유태인 학살 그 이상이었다.

젊은 병사

　사진을 찍어주겠다며 뒤따라온 택시 기사와 기념탑을 내려올 때였다. 짤막한 이야기 한 토막이 머리를 스쳐갔다.
　쟈피거우(청산리에서 30리 되는 곳)에 거주하는 마씨 성을 가진 한 젊은 병사가 있었다. 슬하에 남매를 둔 이 병사는 전쟁의 와중에도 집에 두고 온 남매가 그리운 나머지 염치를 무릅쓰고 통솔자를 찾아갔다.
　"대장님, 저에게 반나절만 말미를 주셨으면 합니다."
　"왜, 집안에 무슨 급한 일이라도 생겼는가?"
　"그게 아니고, 애들이 보고 싶어 더는 못 견디겠습니다."
　"그래? 마 병사가 그렇게 간청을 하니 생각은 해보겠네만 그럼 마 병사는 나에게 무엇을 주겠는가? 집에 가겠다고 해놓고 돌아오지 않으면 이 대장 꼴이 우습지 않은가."

"말씀만 하십시오. 대장님이 달라는 것은 다 드리겠습니다."
"그 말 믿어도 되겠나?"
"믿어주십시오."
"좋네. 그럼, 마 병사의 발을 하나 끊어놓고 가게."
 마음이 급한 마 병사는 망설일 시간이 없었다. 통솔자의 말을 곧이곧대로 받아들인 그는 곧장 부엌으로 달려가 도끼를 들고 나왔다.
 "대장님, 도끼 여기 있습니다. 지금부터 이 다리는 제 다리가 아니니 대장님 마음대로 하십시오."
 순간, 주위는 웃음바다가 되었다. 몇몇 병사의 눈가에는 뜨거운 이슬방울이 맺혀 있기도 했다. 자식을 향한 아비의 뜨거운 사랑 때문이었다.

생수는 얼어 팔 수 없습네다

 전투를 치렀던 백운평 현장을 가보려 했으나 엄두조차 내지 못했다. 겨울철만 아니면 택시로도 가능하다는 그 길은 무릎 높이의 눈이 쌓여 있었다. 그때 택시 기사가 백운평 대신 백리평을 보여주겠다고 했다. 보아하니 그는 조선족이라고 둘러댄 빚도 갚을 겸 내가 항일유적지를 답사 중이라는 걸 알고는 길잡이로 나서려는 듯했다.
 청산리를 벗어난 택시가 산속으로 들어섰다. 활시위를 당기듯 주변은 곧 팽팽한 긴장감으로 휩싸였다. 택시 기사의 표정도 그렇게 밝아 보이지는 않았다. 입술을 꼭 다문 채 그는 운전에만 집중했다. 산길이 험한 탓이었다. 발목이 잠길 정도로 눈이 쌓여 있는데다 언덕이 있는 곳이면 어김없이 빙판길이 나타났다.

이윽고 택시는 고갯마루에 반환점을 찍은 뒤 내리막길로 향했다. 그러나 산을 타고 올라올 때나 내려갈 때나 눈길은 매한가지였다. 운전이 서툰 기사였다면 진즉에 두 손 들고 말 길이었다. 곡예를 하듯 300여 미터쯤 내려왔을까. 저만치 굴뚝에서 연기가 피어올랐다. 그곳으로부터 멀지 않은 곳에 러시아와 이북 연안에서 잡아온다는 황태덕장도 보였다. 그제야 나는 휴, 안도의 한숨을 내쉬었다.

눈 쌓인 지뢰밭을 무사히 지나온 택시가 멈춘 곳은 마을입구 상점 앞이었다. 잔뜩 긴장한 탓인지 영하 20도의 날씨에도 불구하고 목이 말랐다. 가관인 것은 상점 주인의 생뚱맞은 대꾸였다. 생수를 한 병 달라고 하자 그는 다음과 같이 쏘아붙였다.

"생수는 얼어 팔 수 없습네다. 대신 음료수는 걱정 없습네다."

영문을 모르는 나는 주인장의 입을 뚫어져라 쳐다보았다. 내 눈을

거울에 비춘다면 필시 주인장 말을 절대 믿을 수 없다는, 의구심으로 가득 차 있을 게 분명했다. 그러나 주인장의 말은 사실이었다. 진열대에 놓인 생수는 차돌처럼 꽁꽁 얼어 있었다.

백리평에서 100리만 더 가면 러시아와 북조선이 나온다는 택시 기사가 나를 데려간 곳은 도로변에 있는 어떤 기념비 앞이었다. 순간 나는 가슴이 철렁 내려앉았다. 그것은 다름 아닌 이북에서 세운 6·25혁명열사 기념비였다. 이런 제기랄! 저자는 왜 하필 이런 곳에 나를 데려왔단 말인가.

그냥 돌아설까 하다 용기를 낸 건 택시 기사의 고마운 마음 때문이었다. 생각해 보면 그는 아무런 잘못이 없었다. 그리고 잠시 마음을 고쳐먹는다면 남이나 북이나 한국전쟁으로 빛을 낸 영웅들은 오십보백보였다. 남이 순국열사면 북은 혁명열사인 것이다. 그야말로 동전의 양면이 아닐 수 없었다.

오히려 말썽을 피운 건 카메라였다. 한 컷을 찍은 뒤 다음 컷을 찍으려는데 셔터가 꼼짝을 하지 않았다. 영하 20도를 밑도는 날씨 탓이었다. 아니, 값싼 카메라 탓일 수도 있었다. 호흡기를 입에 물고 누운 중환자마냥 카메라의 셔터는 본래의 상태로 돌아오는 속도가 매우 더뎠다. 사정이 그렇다 보니 카메라는 행복한 날들을 찍어 추억을 만들어주는 요술쟁이가 아니라 싸늘한 시신을 만지는 것 같았다.

한번 얼어붙었다 하면 5월 초까지 산야가 꽁꽁 얼어 있다는 백리평을 뒤로하고 청산리로 다시 나오는 길이었다. 들어갈 때와 달리 나올 적에는 검문이 잦았다. 도로변 아무 곳에서나 공안이 택시를 세우면 기사는 지체 없이 달려 나가 트렁크를 열어 보였다. 그러기를 벌써 네 차례. 짜증날 만도 하건만 택시 기사는 불평 한마디 없었다.

"백운평은 러시아와 북조선 등지에서 들어오는 마약이나 무기 밀거래가 흔하기 때문에 응당 검문에 응해줘야 합니다."

각 국가마다 그 사회를 움직이는 향심력을 갖고 있듯이 중국 사회에서 공안은 아직 그 위엄이 살아 있었다. 그곳이 도심이든, 고속도로든 후미에 있던 공안 차량이 깜박이를 넣으면 일반 차량들은 신속하게 길을 터주는 장면을 여러 차례 목도했었다.

연길로 돌아가는 길이었다. 화룡 시가지를 막 벗어난 버스는 팔가자와 팔도가로 갈라지는 사거리에서 신호를 받느라 잠시 정차했다. 이정표는 없지만 팔가자로 꺾어지는 길목에서 약 4km를 더 들어가면 청산리대첩 격전지 중 하나인 어랑촌이 나온다. 그러니까 지난해 여름이었다. 어렵게 그곳을 찾은 나는 청산리대첩 이후 어랑촌에 대해 새로운 사실을 전해 들었다.

조금 전 다녀온 청산리가 그 대표적인 예이듯 깃치림 청산리신부에서 승전보를 전한 마을들은 일본군의 보복(경신년 학살)으로 마을 전체가 사라지고 말았다. 어랑촌도 예외는 아니었다. 그 어디에도 사람의 그림자는 보이지 않았다. 1930년대에 접어들어서야 화룡현 경내에 분산되어 있던 유격대원들이 다시 어랑촌에 모습을 드러냈는데, 그들의 이름은 항일 빨치산이었다.

그 기미를 알아챈 일본군 토벌대는 '모조리 불태우고, 모조리 죽이고, 모조리 빼앗는다'는 구호 아래 소탕작전에 들어갔다. 그러나 막강한 화력을 가진 토벌대는 패하고 말았다. 6시간 동안 치러진 격전에서 빨치산은 13명을 잃었을 뿐이었다. 어랑촌에는 그들을 기리는 기념비가 세워져 있다.

신라면을 먹으며

춥긴 추웠던 모양이다. 연길로 돌아오자 천국이 따로 없다. 청산리를 다녀온 게 아니라 며칠 광야를 헤매다 온 것 같았다.

숙소로 돌아온 나는 온수로 샤워부터 한 뒤 커피포트 플러그를 꽂았다. 컵라면을 먹기 위해서였다. 한국 식품 중 유일하게 대륙을 정복한 식품이 있다면 그것은 '辛라면'으로, 터미널, 역, 기차, 구멍가게, 호텔 등 어느 곳이든 진열되어 있다. 위세 또한 당당하여 맨 앞줄을 차지하고 있다. 귀가 솔깃해지는 건 라면의 원조가 바로 이곳 중국이라는 사실이다.

1958년 일본의 닛신식품에서 개발한 인스턴트는 실은 중국의 유면에서 비롯되었다. 유면이 라멘으로 탈바꿈, 1963년에 그 첫 선을 보인 것이다. 그 자리를 지금 한국의 辛라면이 보무도 당당하게 중국 땅에서 자태를 뽐내고 있으니 격세지감이 아닐 수 없다. 몽골도 예외는 아니었다. 몽골에서는 '어머니 도시락'이 인기 짱이었다.

컵라면을 먹으며 텔레비전을 켰더니 〈서울 1945〉가 방영 중이었다. 시모노세키, 동경, 함흥, 경성, 연해주, 블라디보스토크, 레닌그라드가 숨 가쁘게 클로즈업되었다 사라지고, 조선의 독립과 친일지주, 천황폐하의 은덕이 그 뒤를 따랐다.

드라마가 한창 무르익어갈 즈음, 〈서울 1945〉는 둘 중 하나를 선택하라고 했다. 하나는 그가 누구든 배부른 주인을 만나 그 주인을 잘 섬기면 되는 길이고, 다른 하나는 빼앗긴 조국을 되찾는 것과 함께 인간은 누구나 평등할 권리가 있다는 사뭇 험준한 길이다.

하지만 연길은 조선족자치주여서 이남 사람과 이북 사람이 아무렇지 않게 뒤섞여 살아간다. 뿐만 아니라, 생방송으로 한국의 텔레비전을 중국인도 볼 수 있고 한국인도 볼 수 있고 이북 사람들도 볼 수 있다. 하나 더 있다. 연길에서는 국가번호 00822를 누르면 서울에 사는 사람과 통화할 수 있고 008502를 누르면 평양에 사는 사람과 통화할 수 있다.

세 나라 국경 방천을 가다

연길에서 훈춘까지는 121km, 다시 훈춘에서 방천까지는 62km. 왕복거리를 계산하던 나는 일단 방을 빼기로 했다. 당일코스로 세 나라 국경(중·러·북)을 다녀온다는 건 무리였다.

프런트에 옷가방을 맡기고 숙소를 나선 건 오전 9시경이었다. 터미널에 도착한 나는 훈춘으로 떠날 버스를 보는 순간 콧노래가 절로 나왔다. 개찰구 밖에는 대형버스가 승객을 기다리고 있었다. 사실 그동안 나는 짧게는 40분, 길게는 한 시간 반 이상의 거리를 왕복으로 이동하는 과정에서 불편한 점이 한두 가지 아니었다. 그중 버스는 애물단지였다. 여섯 자尺에서 조금 모자란 체구를 천장 낮은 미니버스에 구겨 넣으려니 막장도 그런 막장이 없었다.

떼가 맺어준 인연

연길을 떠난 버스가 길훈(길림-훈춘)고속도로를 달리고 있었다. 낮게 엎드린 산과 구릉, 그 끝이 보이지 않는 벌판. 룡정과 도문, 화룡을 오가며 본 풍경과는 사뭇 대조적이었다. 이야기로만 들어온 만주 벌판이 그제야 모습을 드러냈다.

무엇에 홀린 듯 광활한 대지에 마음을 빼앗긴 나는 버스에서 내려 저 벌판을 내달리고 싶었다. 세상의 길들이 바람과 물을 따라 흘러가는 크고 작은 속삭임과의 동행이라면, 벌판은 사나운 눈보라 속을 뚫고 달리는 기관차였다.

훈춘행 직행버스가 가다 서다를 반복한 건 장안을 막 지나서였다. 앞에서 세 번째 좌석(여행할 때는 앞좌석에 앉는 것이 좋다)에 앉은 나는 엉덩이를 살짝 들었다. 세상에……! 떼를 지은 소와 양들이 차도 한복판까지 기어 나와 어기적거렸다. 마치 데모를 하듯 도로를 점거한 녀석들은 갈 길 바쁜 버스 기사가 뛰뛰! 뛰뛰! 길을 열어달라며 애걸하는데도 소귀에 경 읽기였다.

가뭄에 콩 나듯 오가던 옆 승객과의 대화가 무르익은 건 순전히 그 녀석들 덕이었다. 5년 전 한국에서 두 해를 살았다는 조선족 여성은 역사에 밝았다.

"중국도 문화혁명 시절의 중국이 아닌 것 같아요."

"특별한 이유라도 있나요?"

"한국은 고등학교까지 의무교육을 확대한다고 하던데, 중국은 아직 멀었어요. 소학교를 졸업하면 더는 의무교육 혜택을 받을 수 없어요."

"대신 중국은 한국에 비해 사교육비 부담이 덜하지 않습니까?"

"꼭 그렇지만도 않아요. 한국 다음으로 중국이 될 가능성이 클 걸요, 아마. 한국의 학부모들은 사교육비 때문에 힘들어하지만 중국은 의무교육이 폐지되는 그 순간부터 고통을 감수해야 합니다."

언젠가 이런 기사를 읽은 적 있다. 베이징 변두리 중학교의 연 학비가 1600위안가량 된다는. 그게 사실이라면 중국의 교육정책도 한 번 깊이 고민해볼 때였다. 변두리 농민과 노동자들에게 1600위안은 결코 적은 액수가 아니기 때문이다. 연변대학에서 역사학을 전공했다는 혜란 씨가 이번에는 한국의 교사들을 걸고넘어졌다.

"한국처럼 교사를 우대하는 나라가 또 있을까 싶네요. 결혼 전에 저도 잠시 학교에서 근무한 적 있지만 중국은 교사들의 미래가 암담할 정도입니다. 봉급도 형편없고요. 한국으로 돈 벌러 가야겠다고 마음먹은 것도 그래서였습니다. 연길에서 살다보니 갈피를 잡을 수가 없는 거예요. 한족말만 가르칠 것인가, 아니면 조선말을 우선할 것인가. 두 개 다 욕심을 부렸더니 아들이 힘들어했어요. 순간, 더럭 겁이 났습니다. 그 경험을 내가 하면서 성장했거든요. 조선말과 한족말을 동시에 하려다 보니 이것도 저것도 아니게 된 거죠."

"한국에서는 어느 도시에 있었나요?"

"서울에 있었어요. 그런데 조금 힘들었어요. 복요리 전문식당에서 일을 했는데 한국은 노동하는 시간이 왜 그렇게 길어요? 일하기 위해서 사는 건지, 아니면 살기 위해서 일을 하는 건지 도통 알 수가 없었어요."

"그것 말고는 어려운 점이 없었나요?"

"처음엔 설거지를 했고 반년쯤 지나서는 서빙을 했는데, 서빙은 손님들이 집적거려서 그만뒀어요. 중국에서는 있을 수 없는 일이라서 많이 당황했던 기억이 나요. 만약 중국에서 그런 일을 마주쳤다면 공안이 곧장 달려왔을 겁니다."

자신으로서는 조금 충격적인 일을 겪은 터라 혜란 씨는 그 뒤 식당에서 먹고 자며 일만 했다고 했다. 열흘에 한 번 꼴로 돌아오는 휴일에도 식당을 벗어난 일이 거의 없었다. 그렇듯 두 해를 열심히 일한 대가였을까. 일을 마치고 한국을 떠나는 날이었다. 식당 주인은 혜란 씨에게 두 가지 선물을 안겨주었다. 보너스로 담은 봉투와 그의 아들을 위해 준비한 조립식 컴퓨터였다.

"한국을 떠나오는 날 얼마나 울었는지 몰라요. 그동안 살면서 베푸는 의미를 잘 몰랐는데 한국에 가서 배운 거지요."

어느덧 버스가 훈춘으로 들어서고 있었다. 깜박 잊고 있었다는 듯 혜란 씨는 다음과 같은 당부를 잊지 않았다.

"어느 이주노동자나 마찬가지 심정이겠지만 한국을 찾는 조선족 여자들 역시 절박하다고 봐요. 벼랑에 선 심정이라고 할까요. 그런 만큼 동포애 차원에서라도 그 고비를 잘 넘길 수 있도록 격려해주고 힘이 돼주었으면 합니다. 특히 한국 남자들, 집적거리는 손버릇 좀 고치면 안 될까요? 술집도 아니고, 식당에서 일하는 여자들에게까지 집적거린다면 문제가 좀 심각한 거 아닌가요?"

만주를 여행하는 동안 귀에 못이 박히도록 들은 소리였다. 이 소리를 처음 들었을 때 나는 쥐구멍에라도 들어가고 싶은 심정이었다. 무슨 큰 죄라도 지은 사람마냥 차마 고개를 들 수 없었다. 그나마 혜란 씨 입에서 다음과 같은 소리를 안 들은 게 천만다행이었다.

'이 가게 하루 매상 얼마야? 고작 그거야? 지금부터 내가 다 책임질 테니 문 닫아! 싱싱한 애들이나 두엇 불러오고.'

낯익은 거리

 마치 숨바꼭질이라도 하듯 보였다 안 보였다, 그 두만강 줄기를 거슬러 훈춘에 도착하니 점심때가 다 되었다. 터미널 부근 만두전문 식당으로 들어서자 안이 복작복작했다. 꼭 잔칫집에 온 분위기였다. 만두를 주문한 나는 식당 안 광경을 유심히 살폈다. 테이블마다 입으로 만두 한 개가 들어가면 그 입에서 다시 세 마디의 말이 쏟아졌다.
 음식문화는 그 나라의 안과 밖을 동시에 들여다보는 바로미터라 했던가. 중국은 밥 먹는 곳과 술 마시는 곳을 따로 분리하지 않는다. 되도록 한자리에서 해결한다. 만두 한입에 세 마디의 말이 쏟아져 나오는 건 그 때문이었다. 대낮인데도 테이블에는 술병들이 심심찮게 보였다.
 또 하나, 중국은 1인분이라는 개념이 없다. 메뉴판에는 분명 1인분, 2인분으로 적혀 있지만 주문을 하고 음식이 나오면 당황하게 된다. 그것이 고기든 생선이든 만두든 채茱든 큰 접시에 가득 담겨 나오는 것이다. 대신 중국인들은 먹다 남은 음식은 반드시 포장해서 가져간다.
 식당에서 일하는 종업원들의 풍경도 빠트릴 수 없다. 흰색 가운을 차려입은 종업원의 연령은 18~20세. 그중 애티 나는 여성이 팔 할을 넘는다. 한국의 고교생 팔 할이 대학에 진학하는 반면 중국의 청소년들은 졸업과 동시에 취업전선으로 뛰어드는 까닭이다.

오늘 점심 메뉴는 당나귀 고기로 빚은 만두다. 주문을 받는 여성이 채와 곁들여 먹으면 더 맛있을 거라고 해서 고개를 끄덕였는데, 장삿속은 아니었다. 사각사각 씹히는 채의 향 때문인지 만두 한 접시를 금방 비웠다. 차를 한 잔 곁들였더니 47위안이 나왔다. 주둥이가 긴 주전자를 들고 나타나 차를 따르는 광경은 여행의 또 다른 별미였다.

 방천을 다녀오기에는 시간이 좀 빠듯할 거라고 생각한 나는 식당을 나와 여기저기를 기웃거렸다. 훈춘시의 중심 십자가十字街에는

세 나라 국경 방천을 가다 113

자동차, 인력거, 자전거, 네 발 달린 마소, 두 발 달린 사람들로 뒤범벅이었다. 소풍을 나온 아이마냥 나는 꽃사과, 자두, 감, 파인애플 등을 꼬치에 끼워 물엿을 첨가해 파는 과일절임꼬치를 한 개 샀다. 가만! 이 맛을 어디에서 느꼈더라? 한입 베어 무는데 생각나는 곳이 있었다. 오래 전 일본에 갔을 적에 사 먹었던 스모모 맛과 유사했다. 기다란 막대에 꿰인 꽃사과 두 알을 입에 넣자 첫 맛은 달콤하고, 그 다음 맛은 시큼씁쓸했다.

중국·러시아·이북의 국경지역에 위치한 훈춘琿春은 25만의 인구를 가진 자그마한 시市다. 성省, 현縣, 향鄕, 진鎭, 촌村으로 내려오는 중국의 지명 중 시市는 별도의 지명으로, 훈춘에 조선인이 이주해 온 건 1890년대였다. 인근 함경도 주민들이 국경을 넘나들며 도둑농사를 지은 게 그 발단이었다고 한다. 봄이 시작되면 두만강을 건너가 씨를 뿌린 뒤 추수 때 다시 건너가 수확을 한 것이다. 춘경추귀春耕秋歸를 하는 것이다.

그 무렵 함경도는 삼정문란三政紊亂의 학정과 연이은 가뭄으로 인해 여러 해를 기근에 시달려야 했다. 청나라 관청의 감시도 여간 꼿꼿한 게 아니었다. 조선인들이 두만강을 건너와 몰래 농사를 짓자 조선 정부에 항의하는가 하면, 두만강 기슭 주요 구간에 60여 개의 포막을 세워 국경을 봉쇄한 뒤 '월강금지령'을 내렸다.

청국의 월강금지령이 느슨해진 건 그로부터 얼마 지나지 않아서였다. 일본에 이어 러시아를 경계하고 있던 청국은 은근슬쩍 조선 유민들에게 정착촌을 승인해주었다. 훈춘의 한족 인구와 맞먹는 조선족을 전면前面에 배치해 자신들의 방패막이로 삼을 셈이었다. 이처럼 훈춘은 중·일전쟁 당시만 해도 이렇다 할 관심을 끌 만한 지역은 아

훈춘 위안소가 있던 자리

니었다. 일본이 짜르 러시아를 점령하기 위해 러시아 국경과 맞닿아 있는 춘화로 관동군 100만여 명을 투입하자 국경지역으로 변모했다.

훈춘은 2004년 겨울에 일본군 위안부였던 조윤옥 할머니의 평전 집필 취재차 다녀갔던 곳이다. 보름 남짓 이곳에 머물며 훈춘 곳곳을 들쑤시고 다녔으나 할머니가 위안부로 지냈던 건물은 이미 허물어지고 없었다. 현재까지 남아 있는 건물은 위안소 동무들과 〈고무공장〉이라는 영화를 봤다는 훈춘극장 정도였다.

동관촌 판자촌

낯익은 거리를 배회하던 나는 하루 세 끼 연명조차 힘겨운 동관촌으로 걸음을 옮겼다. 역시 위안부 조윤옥 할머니의 자취를 좇던 중 그곳에서 조 할머니의 20년 지기인 박봉희 할머니를 만났는데, 그만

나는 조 할머니보다 박 할머니에게 마음을 뺏기고 말았다.

수소문 끝에 찾아간 할머니는 영하 20도를 밑도는 날씨에도 불구하고 맨발에, 얇은 누더기이불 한 장으로 겨울을 나고 있었다. 두어 평 되는 방으로 들어설 적엔 더욱 절망적이었다. 방바닥은 쩍쩍 얼음장 갈라지는 소리가 났고, 쌀독은 텅 비어 있었다. 할머니의 말에 따르면 벌써 사흘째라고 했다.

"이게 누구야?"

"그동안 잘 지내셨어요?"

반가웠던 것일까. 할머니는 나를 보자마자 때 절은 손수건으로 눈물을 훔쳤다.

"고맙다. 한국이 어디라고 여기까지 찾아와주고……."

우시는 모습을 카메라에 담았으나 마음이 썩 편치만은 않았다. 두 아들을 두었으나 큰아들은 전쟁 통에, 막내는 병으로 잃은 할머니는 또 죽고 싶다고 했다. 받아만 준다면 고향인 이북으로 돌아갔으면 했다.

"벌써 가려고?"

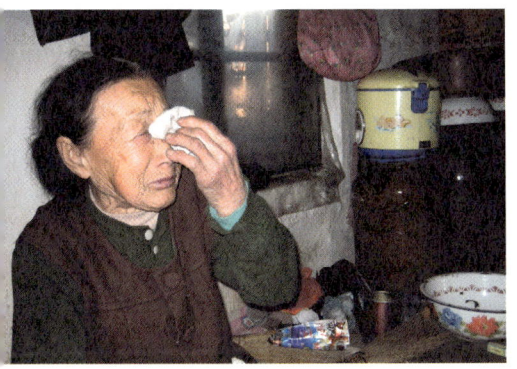

"내년에 또 찾아뵐게요."

헤어짐이 아쉬워 또 눈물을 훔치는 할머니와 쓰러져가는 판자촌을 뒤로하고 나오자 날이 저물고 있었다. 숙소로 가는 길에 나는 1884년 청국과의 종속관계를 청산하고자 개화파가 일으킨 갑신정변 때 500여 명의 군사를 이끌고 마산포에 들어온, 훈춘시청 옆 오대징의 흉상을 잠시 둘러봤다.

시에서 운영하는 훈춘호텔 로비에는 건장한 체구의 러시아인들이 삼삼오오 모여 있었다. 자루비노와 블라디보스토크를 지척에 둔 훈춘은 러시아인들의 왕래가 잦은 곳으로 그들 대부분은 마약과 무기 밀매를 한다고 했다.

'밀수꾼' 하니까 생각나는 사람이 있다. 한국 최초의 서사시 시인으로 알려진 파인 김동환이다. 그가 쓴 『국경의 밤』에 보면 밀수출하는 남편을 조바심어린 심정으로 지켜보는 아내의 심경이 독백처럼 묻어나는데, 바로 이 대목이다.

> 아하, 무사히 건넜을까,
> 이 한밤에 남편은
> 두만강을 탈 없이 건넜을까?
>
> 저리 국경 江岸을 경비하는

외투 쓴 검은 순사가
왔다- 갔다-
오르명 내리명 분주히 하는데
발각도 안 되고 무사히 건넜을까?

소금 실은 밀수출 마차를 띄워놓고
밤 새가며 속태이는 젊은 아낙네,
물레 젖던 손도 맥이 풀려서
파! 하고 붙는 魚油 등잔만 바라본다.
북극의 겨울밤은 차차 깊어 가는데.

아뿔싸!

  집을 떠나오면 하룻밤 묵어가는 외지의 숙소들이 바람처럼 여겨질 때가 있다. 훈춘에서의 하룻밤이 그랬다. 남자들은 한국말로 지껄이고 여자들은 몽골어로 지껄이던, 몽골 호텔에서의 날들이 되살아나는 밤이었다.
  수면을 취한 듯 만 듯 호텔을 빠져나온 나는 서둘러 시청으로 향했다. 방천防川 토자패土字牌를 들어가는 출입허가증을 받기 위해서였다. 그동안 나는 전자수첩을 이용해 한족과 소통해 왔는데 오늘도 예외는 아니었다. 가방에서 메모수첩을 꺼낸 나는 '防川 土字牌 出入許可證明書 要'라고 쓴 뒤 뿔테안경을 낀 직원에게 여권과 함께 내밀었다. 물론 망해각만 보고 올 거라면 이 같은 수고는 하지 않아도 된다. 이번 기회에 세 나라 국경인 철책 안으로 한번 들어가 보고 싶었다.
  출입허가증을 발급받은 나는 시청 청사를 나와 택시를 기다렸다.

훈춘에서 방천까지는 왕복 124km로 도보로는 불가능한 거리다. 버스도 예외는 아니었다. 들어가는 건 어렵지 않으나 나올 때를 생각하면 자신이 없었다. 그런데 어인 일인지 입질하는 택시가 없었다. '대절 요금을 너무 낮게 불렀나?' 그때 마침 한 택시 기사가 운전석을 박차고 나와 손수 문까지 열어주었다.

'왕복 124km에 한 시간 대기면 많은 액수(당시는 환율이 한국 돈 1만 원에 중국 돈 82위안이었음)도 아닌데 저 친구가 왜 저러지? 혹시, 왕복을 편도로 잘못 들은 거 아냐?'

의심쩍은 마음에 80위안은 왕복 요금이라고 못을 박자 택시 기사는 여전히 신이 난 표정으로 오케이, 오케이를 남발했다.

저 좋으면 덩달아 나도 좋아지는 택시가 도심을 벗어나 톨게이트 요금소로 들어설 때였다. 택시 기사는 뒷좌석에 앉은 나를 보며 배시시 웃더니 손을 내밀었다.

"선생님, 통행료가 필요한데요. 10위안입니다."

아뿔싸! 훈춘을 출발할 때 보여준 택시 기사의 흔쾌한 오케이가 무얼 의미하는지 나는 그제야 깨닫고 있었다. 방심은 절대 금물이었다.

뒤통수를 한 대 얻어맞은 몽롱함에서 깨어난 건 택시가 도포촌으로 들어설 때였다. 도포촌 주변은 저곳이 습지임을 한눈에 알 수 있었다. 그 면적이 굉장히 넓은 습지는 겨울인데도 졸졸졸, 마알간 물이 흘러내렸다. 이처럼 방천은 세 나라 국경 외에도 국제연합이 지정한 습지자원보호구역으로, 한때 두만강 유역 개발붐이 화두로 떠올랐던 곳이기도 하다.

도포촌을 지날 무렵, 이윽고 두만강시가 모습을 드러냈다. 경이롭기는 차창으로 내다보이는 아스팔트 위 풍경도 두만강시 못지않았다. 풍속을 이겨내지 못한 두만강변 모래들이 아스팔트를 국경삼아 중국의 영토로 월경하고 있었다. 어떻게나 바람이 세차게 몰아치던지 모래알갱이들은 '손을 놓아선 안 된다'며, '흩어져서는 안 된다'며 서로를 부둥켜안은 채 모래언덕을 쌓고 있는 중이었다.

잠시 메모를 하고 있는 내게 찬물을 끼얹은 사람은 택시 기사였다.
"저기 보시라요. 저기 저곳이 겨울에 강이 얼면 꽃제비들이 넘어오는 곳입네다. 에미나들이 배가 고파 넘어 오는데 남조선엔 그런 에미나들 없지요?"

아, 이럴 땐 뭐라고 맞장구를 쳐야 하나? 나이트클럽에서나 떠돌던 '꽃제비'를 전혀 다른 어감으로 들었던 날이다. 뉴스를 보다 말고 나는 밥숟가락을 놓았다. 어른도 아닌 어린 것들이 배고파 못살겠다며, 그것도 죽음을 무릅쓴 채 두만강을 건너고 있었던 것이다. 물론 이북만 탓할 일은 아니었다. 이남에도 점심을 굶는 아이들이 한둘 아니고, 방학 때가 다가오면 밥 걱정부터 하는 아이들이 적잖은 것이다. 어디 그뿐이랴. 중국·러시아·과테말라에 이어 고아 수출 세계 4위를 고수하고 있는 나라가 한국이지 않은가.

세 나라 국경

러시아와 이북의 한복판을 가로질러 달려온 택시는 마침내 방천 검문소에 정거했다. 무슨 일일까? 시청에서 발급받은 허가증명서를 내밀자 군인은 택시 기사더러 잠시 내리라는 신호를 했다. 국경이 가까워오면 이렇듯 말 한마디, 작은 동작 하나에도 예민해질 수밖에 없다. 몇 걸음만 더 가면 러시아 영토요, 이북 영토인 것이다.

"일이 좀 난감하게 됐습네다."
"어떻게요?"
"망해각은 별 탈 없지만, 토자패土字牌는 군인들 작전지역이어서 들여보낼 수 없답네다."
"돈을 요구하는 것 같지는 않고요?"
"그런 낌새는 없었습네다."

국경 철책인 토자패를 들어가는 일이 녹록지 않다는 건 익히 들어 알고 있었지만 그곳을 최종 목적지로 달려온 나로서는 땅바닥에 주저앉고 싶은 심정이었다. 주차장에 택시를 세워두고 망해각을 향해 오르는데 김빠진 맥주가 따로 없었다. 마치 기다렸다는 듯이 떼거리 바람이 공격을 퍼부었다. 세 겹의 옷을 헤집고 들어온 매서운 바람은 가슴팍에서 복부로, 복부에서 등허리로 영역을 넓혀갔다. 순간, 나는 느슨해진 내 몸의 나사들을 바투 조였다. 섣불리 방심했다가는 며칠 앓아눕기 십상이었다.

방천 구내에 자리 잡고 있는 '한눈에 3국을 바라보기' 관광지는 시 구역과 62키로메터 떨어져 있으며 동남은 로씨아와 잇닿아 있고 서남은 두만강을 사이에 두고 조선과 마주하고 있다.
망해각은 본 관광지의 주요 건물로 망해각에 올라서면 로씨아의 하쌍진과 조선의 두만강시를 굽어볼 수 있다. 하여 "닭 울음소리 3국에 들리고 개 짖는 소리 3강을 깨우며 꽃향기가 사방에 풍기고 웃음소리 이웃나라에 전해지는 곳"으로 세계에 널리 알려지고 있다.
방천촌으로부터 두만강을 따라 15키로메터 내려가면 일본해에 들어서는데 이는 우리나라에서 직접 일본해에로 진입하는 유일한 통로이기도 하고 또한 우리나라에서 수로로 로씨아, 조선 동해안, 나아가서 북아메리카, 북구라파에 이르는 가장 가까운 곳이기도 하다.

안내문에 쓰인 대로 야트막한 산언덕에 자리 잡은 망해각에 올라서니 러시아와 이북이 한눈에 들어왔다. 왼편은 러시아 최남단의 도시 하산이고 오른편은 두만강시 홍의리로, 이북과 러시아를 잇는 두만깅 철교는 시퍼런 강물 위에 드러누워 있었다. 정작 막혀 있는 곳은 이북이 아니라 이남이었다. 생각이 거기에 미치자 두만강 철교가

망루를 중심으로 왼쪽이 러시아, 오른쪽이 두만강 철교.

원망스럽기도 했다. 월북한 이용악도 노래하지 않았던가. "지금 차는 차대로 달리고/ 바람이 이리처럼 날뛰는 강 건너 저편엔/ 나의 젊은 넋이/ 무엇인가 기다리는 듯 섰으니/ 욕된 운명은 밤 우에 밤을 마련할 뿐"이라고.

눈에 거슬리는 건 그것만이 아니었다. 다름아닌, 안내문과 입장권에 표기된 '일본해'였다. 우리가 주장하는 동해를 '동해'로 표기하고 있는 국가는 지구촌에 4% 미만으로 결코 희망적인 수치는 아니었다. 훈춘시 인구 중에서 60%를 차지하는 조선족마저 버젓이 동해를 일본해로 표기하는 마당에 누구를 탓할 것인가. 나는 그저 하나를 올곧게 세우기 위해서는 아홉 번을 넘어지는 고통과 수모가 뒤따르게 마련이라던 어느 역사학자의 일침에 고개를 끄덕일 뿐이었다.

운수 좋은 날

비보를 받아든 사람마냥 절망의 동해를 곱씹으며 망해각에서 내려오고 있을 때였다. 무슨 급한 일이라도 있는 사람처럼 숨 가쁘게 달려온 택시 기사가 거친 숨을 몰아쉬며 입을 열었다.

"보, 보시라요. 인차 토자패를 들어갈 수 있을 것 같습네다."

나는 걸음을 멈추었다. 토자패라는 소리에 귀가 번쩍 띄었다.

"검문소에서 안 된다고 하지 않았습니까?"

"글쎄, 여게 망해각에서 근무하는 군인을 면회하러 온 약혼녀가 있는데 입장이 좀 난처한 모양입네다. 훈춘으로 가는 버스가 떠나려면 앞으로 두 시간은 더 기다려야 하는데, 그 군인이 자기 약혼녀를 택시로 태워다주면 토자패를 안내해주겠다 합네다."

듣던 중 반가운 소식이 아닐 수 없었다. 이제야 비로소 막혔던 숨통이 뚫리는 듯했다.

러시아 우수리강 어구로부터 이북의 두만강 어구까지는 8개 분계선(야, 혁, 객, 라, 나, 왜, 파, 토)이 있다. '토자패'는 그중 하나다. 그곳을 향해 움직일 때였다. 철책 진입로 문이 열리자 시멘트 길이 모습을 드러냈다. 승용차 한 대가 주행할 수 있는 폭이었다. 그 길 좌우로는 은빛 철조망이 원을 그리며 촘촘히 쳐 있었다. 아, 이곳이 정말 러시아와 이북을 껴안고 가르는 비무장지대란 말인가! 어느새 내 심장박동은 한 박자 빠르게 뛰고 있었다.

가까운 곳에서 탁탁, 누군가 삭정이를 꺾는 소리가 들려왔다. 나는 그곳으로 시선을 돌렸다. 10m도 채 안 되는 철조망 너머에서 웬 러

중·러 비무장지대 국경

시아 노인이 땔감을 하고 있었다. 순간 나는 언제가 읽은 소설의 한 구절처럼 그 노인에게 다가가 담배를 내밀고 싶었다. 서로 다른 담배를 나눠 피우며 당신은 러시아어로 나는 한국어로 이야기를 나누다 해가 저물면 내일 이곳에서 다시 만나자는 한마디를 씨앗으로 묻어두고 각자 집으로 향하는, 정녕 그것은 꿈이었을까?

그러게 겨울이었다. 오전 7시 40분 북경역을 출발한 모스크바행 국제열차가 국경지역인 얼렌호트 역에 도착한 건 밤 11시 15분경이었다. 자정이 가까워오는 얼렌호트 역에는 사뭇 이색적인 광경이 펼쳐졌다. 중국과 몽골의 철로 궤가 맞지 않아 표준궤(1435mm)에서 광궤(1524mm)로 몸을 바꾼 것이다. 그 광경을 지켜보던 나는 불현듯 이런 생각이 들었다. 너무 오랜 시간이 흘러버려 혹 맞지 않는 것들이 있다면 저렇듯 중간지점에서 몸을 바꿔 달려도 괜찮겠다는!

일안망삼국一眼望三國 토자패에 트래킹화 자국을 남기고 훈춘으로 돌아가는 길이었다. 결혼을 보름 앞둔 예비 신부와의 동행은 내 가슴까지 설레게 했다. 내가 먼저 예비 신랑을 면회하고 가는 소감을 묻자 그녀는 알아서 판단하라는 듯 미소로 화답했다. 그런 그녀가 갑자기 한숨을 내쉬었다.

"결혼하면 관사에 들어가 살 계획이었는데 어려울 것 같아요. 남자친구가 너무 착해서 그래요. 계급(하사관)이 낮더라도 고집을 피우면 되는데 자신은 군인이라서 그럴 수 없다고 하네요."

예비 신부의 이야기를 듣고 있던 나는 며칠 전 도문대교에서 만난 군인을 떠올렸다. 마찬가지로 그 군인도 자신의 신분을 내세우며 담배를 받을 수 없다고 했던 것이다.

"남자친구 월급은 얼마나 되나요?"

"하하. 그건 좀 곤란한데요. 대신 사병들 월급은 말해줄 수 있어요."

"그럼, 그거라도 들려주세요."

"사병들 월급은 200위안 정도예요. 시골이 고향인 사병들은 더 받고요."

"그건 왜지요?"

"시골에 계신 부모님을 돕지 못하고 입대한 보너스라고 보면 돼요."

샐러리맨의 월급이 1500위안 안팎이니 그 정도의 처우면 적다고 할 수는 없었다. 한국은 모든 남성이 의무적으로 병역의무를 마쳐야 하는 반면 중국은 가도 되고 안 가도 되는 선택의 자유가 있기 때문이다.

택시 라디오에서 노래가 흘러나왔다. 귀에 익은 노래였다. 노래방에 갔을 때 중국도 이혼 부부가 늘면서 요즘 이 노래가 뜨고 있다며 도우미가 불러준 곡이었다. 뒷좌석에 앉은 예비 신부도 흥얼흥얼, 가사가 슬픈 이 노래를 따라 부르고 있었다.

> 엄마 곱니 아빠 곱니 누가 누가 더 곱니
> 엄마 없던 하루 세 끼 비빔밥만 먹었구요
> 아빠 없던 날 밤새도록 도깨비 꿈만 꾸었대요
> 엄마야 아빠야 우리 우리 함께 살자
> 해도 있고 달도 있는 푸른 하늘집처럼

훈춘으로 나오는 길에 잠시 권하촌을 들렀다. 이 마을은 안중근이

3개월 남짓 머문 곳으로, 도마는 이곳을 떠나 블라디보스토크를 거쳐 하얼빈으로 들어갔다. 을사늑약 때부터 겨누고 있던 이토 히로부미를 암살하기 위해서였다. 하지만 그 어디에도 그 같은 내용의 문구는 없었다. 초가 안으로 들어서자 도마의 흔적은 보이지 않고 돈벌이 냄새만 진동했다.

량수탄광

　훈춘을 출발해 연길로 향하던 버스가 멈춘 곳은 량수진凉水鎭이었다. 부러 그곳에서 내린 건 연길을 떠나기 전 탄광을 둘러보고 싶었기 때문이다.
　탄광으로 가는 길은 역시 단단히 얼어 있었다. 아마 겨울에 길을 걸어본 사람은 알 것이다. 똑같은 길인데도 빙판이 되면 길은 좁게 보인다는 것을. 뿐만 아니라 빙판길은 차들이 지날 때면 재빨리 비켜서야 한다. 자동차의 타이어는 빙판용이 아니기 때문이다.
　트레킹화마저 무용지물인 그 길을 반 시간쯤 걸었을까. 마을이 보였다. 초행길 여정에서 인가처럼 반가운 것이 또 있으랴! 마을 전체가 초가인 그 마을을 지나 탄광 입구로 들어서는데 한 사내가 부리나케 뛰어나왔다. 한족이었다. 잠시 생각에 잠긴 나는 명함 대신 시집을 꺼내 표지날개 쪽 흑백사진을 펼쳐보였다. 이것은 곧잘 써먹는 수

법으로, 시집 날개에 박힌 사진을 한 차례 더 확인한 사내는 선탄장 쪽으로 뛰어갔다.

잠시 뒤 그가 다시 나타났다. 조선족과 함께였다.

"한국에서 오셨다고요? 시인 선상이라고 들었습니다."

"저도 예전에 광부로 잠시 일한 적이 있습니다. 중국의 탄광이 궁금해서 이렇게 찾아왔습니다."

"그러셨군요? 여기 이 동무가 외부인 관리담당자입니다. 이 동무 말에 의하면 구경하는 건 괜찮지만 굴 안으로 들어가거나 사진을 찍어서는 안 된다고 합니다. 혹시라도 한족은 건드리지 않는 게 좋습니다. 약속을 어기면 반드시 앙갚음을 하지요."

앙갚음? 나는 한걸음 물러섰다. 막장 광부들의 성미를 익히 알고 있었기 때문이다.

올해로 24년째 탄을 캔다는 양종우 씨의 말에 따르면 광부들의 평균 월급은 1800위안 정도이고, 현재 조선족 광부의 수는 전체 20%에도 못 미친다고 했다.

"몇 해 전만 해도 한족과 조선족이 반반이었습니다. 그랬던 동무들이 죄다 한국으로 돈 벌러 나갔습니다."

그의 말은 숨김없는 사실이었다. 조선족 1580명 중에서 현재 량수에 남아 있는 수는 370여 명. 연변조선족자치주에서 량수는 돈벌이 출국자가 가장 많은 지역이다. 오래 전 한국처럼 거기에는 광부들의 이직이 큰 변수로 작용했다.

전 세계 석탄매장량 중 그 절반이 넘는 70%를 보유하고 있는 중국. 예전 한국이 그랬던 것처럼 중국은 겨울 난방을 석탄으로 해결하고 있다. 마치 그걸 증명이라도 하듯 석탄을 가득 실은 트럭은 반 시

간 간격으로 정문을 빠져나갔다. 문제는 사진이었다. 내 딴에는 어떻게든 몇 컷 담아볼 요량으로 자라 목과 기린 목을 번갈아 오갔으나 귓전에서는 '앙갚음'이라는 공포가 떠나질 않았.

강원도 사북 시절의 경험을 바탕으로 재시도를 한 곳은 탈의실이었다. 가장 높은 곳에 자리를 잡은 탈의실 건물을 표적으로 삼은 나는 사무실과 선탄장을 지나 그곳으로 향했다. 예감은 적중했다. 20여 m 아래에서 석탄을 실은 탄차가 갱을 막 빠져나오고 있었다. 광부도 두엇 보였다. 신기한 건 한국과 일본, 중국의 탄광들이 한 가지 공통점을 갖고 있다는 것이었다. 세 나라 모두 갱 입구 머리 부분에, 그것도 한자로 다음과 같은 표어가 씌어 있었다.

'安 全 第 一'

그렇다면 세 나라는 한자가 통하는 나라? 비단 한자만이 아니었다. 한국은 '원', 일본은 '엔', 중국은 '위안'을 사용하고 있다.

나는 잠시 강원도 영월군 마차리를 떠올렸다. 조선인을 징용으로 끌고 가서는 큐슈와 나가사키 막장에, 중국인을 조선으로 끌고 가서는 영월군 마차리 막장에 내던져 버린 것이다. 죽고 사는 건 그들의 몫이었다.

"잘 들어라. 노동은 몸으로 하는 것이 아니다. 노동이 힘들수록 정신이 살아 있어야 한다."

시급한 건 끼니였다. 하루 세 끼 중 한 끼는 건너뛸 수밖에 없었고, 나머지 두 끼 역시 옥수수로 연명해야 했다. 그때 착안해낸 것이 있었다. 옥수수는 씹어서 삼키지만 않으면 변을 볼 때 다시 알갱이로 나온다는 것이었다. 징용으로 끌려간 조선인 광부들은 그렇듯 변으로 나온 옥수수를 다시 물에 헹궈 삼키는 일을 해방이 되도록 반복해야 했다.

마음속 앨범

량수로 다시 나올 적에는 1위안 하는 7인승 승합차를 이용했다. 겉보기와 다르게 차는 엉망이었다. 창문 중 아귀가 맞는 것이라곤 눈 씻고 찾아볼 수 없었다. 타고 내리는 문마저 누군가 꼭 붙들어야 할 판이었다. 그동안 내가 경험한 중국의 운송수단은 늘 이런 식이었다.

고객의 입장은 '세월아 네월아' 고 목적지까지만 가면 그만이었다. 또 그것이 자전거든 오토바이든 봉고든, 바퀴 달린 것이면 죄다 돈벌이용으로 사용되었다.

어설프기 짝이 없는 승합차에서 막 풀려났을 때다. 간이정거장에 세워둔 사이드카오토바이를 보는 순간 입맛이 당겼다. 추위에도 아랑곳하지 않고 썰매를 숨겨 대문 밖을 나서는 아이마냥 이번 기회에 저걸 한번 꼭 타보고 싶었다. 아, 그런데 이게 장난이 아니다. 때에 따라 사람도 싣고 짐도 싣는 천막 안으로 들어가 딱딱한 판자때기에 앉는 순간, 내 엉덩이의 수난은 시작되었다. 판자때기 의자에 꿍 안 간힘을 쓰며 엉덩이를 붙여보려 했지만 소용없는 일이었다. 잠깐 붙어 있다가도 깊이 파인 웅덩이를 만나면 도로아미타불이었다. 총각이 타면 불알이 떨어지고, 처녀가 타면 젖통이 떨어지고, 아낙이 타면 공알이 빠진다며 농을 섞던 고향 마을의 1970년대 풍경이 고스란히 되살아났다.

1970년대, 많은 한국인들이 중국을 여행하고 돌아와서 남긴 후일담이다. 물론 좋은 뜻에서 한 말은 아니었다. 하지만 나로서는 19세기 풍경들을 고이 간직하고 있는, 만주의 변하지 않은 모습이 되레 감사할 뿐이었다. 1970년대의 삶과 풍경들을 오롯이 간직하고 있기에 1960년대와 1950년대, 그리고 식민지까지도 아무런 거리감 없이 들여다볼 수 있었다고 할까. 만주는 이처럼 내 삶이 힘들고 지칠 때 몸과 마음을 누일 수 있는 유일한 쉼터였다. 고백컨대 나는 이곳을 여행하다 한국으로 돌아가면 턱턱 숨이 막혔다.

좌불안석에서 잠시 벗어날 수 있었던 건 한 무리 양떼와 양치기를 발견하고서였다. 여행 도중 색다른 풍경과 맞닥뜨리면 먼저 눈이 시원해지면서 마음까지 탁 트이는 걸 느낄 수 있는데, 온성다리를 향해 질주하고 있는 사이드카 꽁무니에서 내다본 양치기의 풍경이 그랬다. 카메라보다는 마음속 갈피에 그 풍경을 담아두고 싶었다.

 1936년 일본군의 손에 놓였다가 해방을 사흘 앞둔 1945년 8월 12일, 역시 일본군의 폭파로 허리가 동강난 온성다리. 반세기 전 모습을 그대로 간직하고 있는 온성다리는 참담했다. 엿가락처럼 휘어진 육중한 철골은 눈으로 보지 않아도 그때의 참상을 짐작할 수 있었다. 저 다리를 건너기 위해서는 "나는 일본 황국 신민이다"를 일본어로 크게 외쳐야 했던가. 이곳에 사는 한 지인에 따르면 량수는 이북민이 유일하게 두만강을 건너와 농사를 짓는 곳이라고 했다. 실제로 이북의 토지가 두만강 이편에 등기되어 있었다. 지난해 겨울 나도 그곳을 직접 가 보았는데 겨울보다는 여름에 오면 그 경계가 더욱 선명할 것

같았다. 이북 농지가 있는 곳은 빙 둘러 버드나무가 심어져 있었다.

연길로 돌아가는 길이었다. 연길 시가지가 코앞인데도 안내양은 가타부타 말이 없었다. 목마른 놈이 샘 판다고, 자리에서 벌떡 일어난 나는 안내양에게 다가가 거스름돈을 달라며 손을 내밀었다. 그러나 안내양의 반응은 시큰둥했다. 오히려 그녀는 눈을 부릅뜨더니 이 손님이 지금 무슨 얘기를 하느냐며 목청을 높였다.

"여보세요, 안내양 아줌마! 내가 량수에서 버스에 오를 때 아줌마는 어떤 행동을 취했지요. 혹시나 위조지폐가 아닌가 싶어 내가 내민 100위안짜리를 짯짯이 살폈잖아요. 그래놓고 오리발을 내밀어요?"

눈에는 눈, 이에는 이였다. 흥정으로 일의 반이 성사되는 나라에서는 어쩔 수 없는 일이기도 했다. 제 입 건사할 줄 아는 장돌뱅이처럼 굴어야 상대는 한 걸음 뒤로 물러섰다.

바로 그때였다. 두 사람의 실랑이를 지켜보고 있던 한 아주머니가 내 손을 들어주었다. 머리끝까지 화가 난 나는 못된 안내양을 향해 한 차례 더 말 폭탄을 퍼부었다. 이방인의 다리를 걸어 거스름돈을 챙기려는 그녀의 뻔한 술수가 내 눈에 훤히 보였던 것이다. 아니나 다를까. 이미 터진 내 말 폭탄이 수그러들 기미를 보이지 않자 그녀는 마지못해 85위안을 돌려주었다.

백두산을 가다

백두와 장백 사이에서

모든 길은 로마로 통한다고 했던가. 백두산도 예외는 아니다. 단둥, 연길, 화룡, 심양, 하얼빈 등 만주의 모든 길은 중국과 21개의 국계비를 갖고 있는 백두산으로 통한다. 하지만 나는 그 길이 썩 내키지 않았다. 지난해 여름 딸아이가 조르지만 않았다면 아마 나는 백두산을 가지 않았을지도 모른다.

2005년 11월, 만주를 두 번째 찾았을 때다. 내 귀에 이북이 백두산의 절반을 중국에게 내줬다는 소리가 들려왔다. 여행을 마치고 돌아온 나는 『간도에서 대마도까지』라는 책을 구입해 읽었다.

> 북한은 이미 1962년 중국과 '중조변계조약中朝邊界條約'을 맺고 국경선을 확정했다. 백두산과 천지도 그때 분할됐다. 그러나 양국은 42년이 지난 지금까지 이 사실을 공개하지 않고 있다.'
> '인도의 한 신문은 1965년 7월 북한 외교관의 말을 인용해 "중국은 6·25전쟁 참전 대가로 백두산 지역 250km² 가량을 떼어달라고 북한에 요구했다"고 보도하기도 했다.

뒤통수를 한 대 얻어맞은 기분이었지만 받아들이기로 했다. 그것은 한국전쟁 이후 남북이 갚아야 할 빚 때문이었다. 더러 속 빈 것들은 한국전쟁 당시 착한 미국이 이남을 도와주고 위기에 처한 이북을 중국이 인해전술을 펼쳐 구해준 것으로 알고 있으나, 내 생각은 조금 달랐다. 양쪽 모두 그때 받은 도움의 빚을 어떤 모양으로 갚았느냐 하는 것이다. 내가 아는 세상의 가장 확실한 상식은 '절대 공짜는 없다'는 것이다. 나는 '동맹'이라는 허울을 믿지 않는다.

　백두산으로 떠나는 12인승 봉고차에 오른 건 오전 6시경이었다. 연길을 출발한 차는 홍범도가 '대한독립군'을 창설한 안도현을 지나 간이휴게소에 정차했다. 중국의 화장실이 청결하지 못하다는 건 누구나 다 아는 사실이고, 졸음을 떨쳐내지 못하고 있는 눈을 번쩍 뜨게 한 건 아침식사로 나온 밥그릇이었다. 밥그릇을 비롯해 반찬그릇에 이르기까지 식탁은 온통 분홍색 천지였다. 그러나 그 안에 담긴 내용물을 보는 순간 나는 실망감을 감추지 못했다. 이 주변에 여기 말고는 식당이 없으니 먹으려면 먹고 말라면 말라는, 그들의 장삿속이 너무 노골적이었다. 입으로 들어가는 것마다 거부반응을 일으켰다.

　떫은 감을 씹은 듯 불편한 속을 가라앉혀 준 건 우거진 숲이었다. 이도백하二道白河를 20km가량 남겨두고 길 양편에 낙엽송 숲이 펼쳐졌는데 그제야 막힌 구멍이 뻥 뚫리는 기분이었다. 뒤늦게 안 사실

은 그 숲이 이도백하의 미인송美人松을 알리기 위한 서막용이었다는 것이다. 바로 그 길이 끝나는 지점에 늘씬한 소나무들이 400년의 세월을 뽐내고 있었다.

꼬박 5시간을 달려온 봉고차가 드디어 백두산 입구에 도착했다. 염려가 되었던지 차에서 내린 운전기사 박철수 씨가 입을 열었다.

"이곳은 쾌청하지만 천지의 날씨는 장담할 수 없습니다. 변덕이 너무 심해서 1년에 20여 일밖에는 제 모습을 보여주지 않습니다."

그러면서 그는 비옷을 준비하는 것도 나쁘지 않을 거라고 했다. 그보다 먼저 나는, 천지를 구경할 돈이 걱정되었다. 아니나 다를까, 천지를 구경하려면 세 장의 표를 끊어야 했다. 입장권과 셔틀버스, 그리고 천지까지 올라가는 지프 요금이었다. 이 셋을 합하면 자그마치 248위안. 그만 나는 입이 쩍 벌어지고 말았다. 이곳을 찾는 한국인 수만도 한 해 10만여 명이 된다고 했으니 그 돈을 합하면 얼마란 말인가. 그렇듯 중국이 떼돈을 벌고 있을 때 이북은 호주머니를 탈탈 털고 있는 형국이었다. 나는 또 그 점이 몹시 억울했다. 중국 쪽에서 백두산을 오르고 싶지 않은 것도 실은 그 때문이었다.

걸어서 오르면 족히 반나절은 걸린다는 천지까지의 소요 시간은 반 시간 남짓. 백두산은 걸어서 오르는 산이 아니었다. 중국 정부는 이미 천문봉이 있는 해발 2670m 북쪽 기슭 100여 m 아래 지점에 있는 기상대까지 차도를 개설해두었다. 셔틀버스에서 내려 갈아탄 지프의 파워 역시 대단했다. 승객들의 비명에도 아랑곳하지 않고 특수 제작한 지프는 하늘 끝까지 오를 기세였다. 지그재그로 이어지는 길도 그렇거니와 어찌나 운전이 난폭하던지 도무지 카메라의 셔터를 누를 수 없었다.

들은 대로 본 대로 백두산은 비경 중에 비경이었다. 날씨 또한 쾌청했다. 지프 종점인 기상대에 내려 도보로 천지(최고 수심 384m)에 올랐을 때, 딸아이는 옥빛 서늘한 하늘못을 내려다보며 환호를 외쳤던가. 차마 말은 못했지만 나는 세계 최고의 산정호수를 보는 순간 목구멍이 뜨거웠다. 천지의 저편을 바라보면서였다. 그래, 이곳마저 반백두산半白頭山, 반천지半天池가 되었단 말인가! '여기서 하늘과 땅이 시작되고, 세상의 모든 비바람과 눈보라가 시작되고, 아침이면 해가 솟고 밤이면 별들을 거느린 달이 솟아올라 낮과 밤이 여기서 엇바뀐다'고 노래한 이북 시인 박세옥의 「백두산」을 속으로 읊조리던 나는, 장엄한 역사가 시작된 이 산을 장백이라 불러야 할지 아니면 백두라 불러야 할지를 두고 잠시 망설였다. 태극기를 들고 오르거나 이곳에서 제祭를 지내는 한국인을 보는 즉시 중국 공안이 연행한다

는 소리를 듣고는 오늘따라 발해와 광개토왕, 간도와 두만강이 멀게 느껴졌다. 설령 저들이 간도와 집안 등 조선의 지난 영토를 조선의 것으로 인정한다 하더라도 두만강과 압록강을 끼고 있어서 '우리의 것'이라고 주장하기에는 때늦은 감이 없지 않나 하는, 혼자만의 생각도 해보았다. 섬나라일수록 무인도에 집착하게 되고, 영토가 넓은 나라일수록 보잘것없는 한줌 땅에 더 애착을 갖기 때문이다.

중국 쪽 최고봉인 천문봉에 올랐을 때다. 1983년 여름 등소평이 이곳을 다녀간 기념으로 남겼다는 '天池' 비문이 눈에 거슬렸다. 할 수만 있다면 '하늘못'으로 바꾸고 싶었다. 더욱 씁쓸한 건 유독 중국 쪽 백두산 인근에만 한글과 한문을 병기한 간판이 보이지 않는다는 것이었다.

한순간 희비가 엇갈리는 천지에서 내려와 장백폭포로 향할 때였다. 장백폭포를 백두폭포로 고쳐 발음하려던 나는 내심 깜짝 놀라고 말았다. 장백산을 백두산으로 고쳐 부르는 데는 아무런 문제가 없었으나 장백폭포를 백두폭포로 부르려니 영 어색하고 딱딱했다. 저도 그것이 갑갑했던 것일까. 백두폭포는 깎아지른 절벽에 서서 제 몸을 던지고 있었다. 그러고 보니 폭포는 한 번 떨어지면 다시는 돌아갈 수 없는, 슬픈 운명을 갖고 있었다.

연길을 떠나며

2007년 겨울이었다. 중국의 섣달 그믐밤은 폭죽소리로 요란했다. 춘절을 이틀 앞두고 솟구치던 폭죽은 급기야 그믐밤에 장관을 이뤘는데, 자정이 임박한 무렵에는 한바탕 전쟁을 치르는 듯했다. 그 광경을 지켜보고 있는 나에게 호텔 여직원이 이런 귀띔을 해주었다.

"어느 핸가는 북조선에 비상령이 떨어진 적도 있습니다. 북조선에서 가까운 도문에서 밤새도록 폭죽을 쏘아대니까 전쟁이 터졌다고 생각한 것입니다. 중국의 춘절이 그만큼 요란합니다."

한 차례 폭풍우가 지나간 자정 무렵에는 투숙객들에게 중국의 대표적인 음식인 만두餃子(지아오즈)가 나왔다. 여기서 '교餃' 는 '바꾸

다'는 뜻을 가진 '교交'와 같은 의미로, 만두를 먹으면서 해가 바뀜을 받아들인다는 뜻을 갖고 있다.

하얼빈으로 떠날 기차표를 예매한 뒤 찾은 곳은 호텔 건너편에 있는 안마시술소였다. 마흔 초반쯤 돼 보이는 안마사를 따라 203호로 들어서자 그곳에는 두 개의 침대가 놓여 있었다. 가운으로 갈아입은 나는 침대에 누워 연변에서 보낸 그동안의 일정들을 되짚어보았다. 목에 걸린 것이 하나 있다면 '좌익'과 '우익'이라는 단어였다. 조국을 빼앗긴 상태에서 좌익은 무엇이고 우익은 무엇일까? 또 독립군 중에서 끝까지 살아남아 해방의 기쁨을 누린 자는 과연 누구였을까? 안중근, 홍범도, 김좌진, 윤봉길, 안창호, 이봉창, 김산, 양림, 리동휘, 윤동주, 이육사, 강경애……. 그때 그 이름들을 불러보았으나 살아남은 자는 없었다. 적어도 일제에 협력하지 않은 독립투사들은 죽음으로 그 이름을 대신했다.

잠시 누워 있으라며 나갔던 안마사가 다시 들어왔다. 그의 손에는

플라스틱 대야가 놓여 있었다. 무좀과 습진을 치료한다는 물에 발을 담그자 그녀는 마치 진료하는 의사처럼 자신의 소견을 내놓았다.

"손님은 걷는 직업을 가지셨군요. 위장에 탈이 난 것 같습니다."

"……?"

자신의 손으로 내 두 발을 받쳐 들고 살피던 안마사의 진단결과 때문이었을까. 나는 그녀에게 당신이 그걸 어떻게 아느냐고 따지듯 물었다. 올해로 8년째 이 일을 하고 있다는 그녀의 대답은 간결했다. 최종의 마침표를 찍듯 그녀는 "손님 발에 그렇게 쓰여 있다"고 했다.

'그분의 능력은 신기하고 놀라워라' 인가? '맺힌 곳은 풀어주고 막힌 곳은 뚫어준다' 인가? 안마사의 손이 닿는 곳이면 내 입에서 악! 비명이 터졌다. 특히 발바닥을 시작으로 목, 허리를 지압할 때는 숨을 쉬기 곤란할 정도로 고통스러웠다. 그러나 놀랍게도 그 통증은 오래가지 않았다. 찰나처럼 아팠다가 거짓말처럼 시원해졌다.

요금도 비싼 편은 아니었다. 한 시간 안마에 40위안. 딸아이와 같이 안마를 받아보았는데, 이 만주 지역의 안마시술소들은 결코 퇴폐적이지 않다. 연인은 물론이고 가족 단위의 손님들이 의외로 많았다.

하얼빈에서

어둠의 자식

　대구를 떠나온 지도 벌써 10일째. 저녁 7시 56분 하얼빈행 기차에 오른 나는 밤 9시 소등과 함께 잠속으로 빠져들었다. 소등을 하면 너무 어두워 독서조차 할 수 없는 것이다.
　눈을 떴을 땐 얼음바닥에 손을 짚었을 때처럼 머리를 둔 곳이 서늘했다. 차창 밖 냉기가 그 주범이었다. 손목시계는 새벽 1시 20분을 가리켰고, 객실은 쥐 죽은 듯이 고요했다. 누운 채 쪽창 커튼을 젖혔다. 아, 그런데……! 별이었다. 하나, 두울, 세엣, 네엣……. 어른 주먹만 한 일곱 개의 별을 보는 순간 잠이 싹 달아나버렸다. 새벽하늘에 다른 별은 보이지 않고 북극성만 떠 있었다.

'저 별 하나에 눈물을, 저 별 하나에 다짐을, 저 별 하나에 조국을, 그리고 저 별 하나에……'

그러고 보니 나는 지금 북쪽으로 이동하고 있었다. 그곳이 어디인지는 알 수 없으나, 북극성의 고향으로…….

먼 곳으로부터 불빛 한 점 걸어온다
춥고 외로운 걸음이다

어둠의 자식으로 태어난 저 별은
서럽지도 않은가
별은 어쩌자고 눈빛이 저리도 초롱초롱하단 말인가

그대를 붙들기 전 저 별을 붙들었어야 했다

펜을 꺼내 메모를 하는데 꼬끼오! 멀지 않은 곳에서 홰치는 소리가 들려왔다. 세상에, 달리는 기차 안에서 닭이 우는 소리를 듣다니……! 하루라도 울지 않으면 저 닭은 어떻게 될까? 일일부독서 구중생형극 一日不讀書 口中生荊棘. 도마 안중근의 말처럼 하루라도 울지 않으면, 하루라도 책을 읽지 않으면 입 안에 가시가 돋을 것 같았다.

안중근의 본명을 아는지? 1879년 황해도 해주군 광석동에서 태어난 도마의 어릴 적 이름은 안응칠이었다. 그가 태어나기 전날, 그의 어머니는 북두칠성을 치마폭으로 받는 꿈을 꾸었다고 한다. 그리고 도마를 낳은 뒤 그의 등을 보았더니 북두칠성 모양의 점 일곱 개가 박혀 있었다고 한다. 그렇다면 도마와 북극성은 떼려야 뗄 수 없는 관계?

침대에 누운 채 나는 또 한 사람, 반전反戰에 앞장섰던 이시카와 다쿠보쿠를 그려보았다. 한일합방 즈음에 그는 이웃나라 조선의 슬픔을 노래하기도 했는데, 10여 년 전 그의 시집을 읽던 나는 몹시 당혹스러웠다. 「코코아 한 잔」을 발견하고서였다. 일본에 이런 시인이 있었단 말인가, 생존해 있다면 그에게 큰절을 올리고 싶었다.

> 나는 안다, 테러리스트의
> 슬픈 마음을—
> 말과 행동으로 나누기 어려운
> 단 하나의 그 마음을
> 빼앗긴 말 대신에
> 행동으로 말하려는 그 심정을
> 자신의 몸과 마음을 적에게 내던지는 심정을—
> 그것은 성실하고 열성적인 사람이 늘 갖는 슬픔인 것을
>
> 끝없는 논쟁 후의
> 차갑게 식어버린 코코아 한 모금을 홀짝이며
> 혀끝에 닿는 그 씁쓸한 맛깔로,
> 나는 안다. 테러리스트의
> 슬프고도 슬픈 마음을.

대한제국의 안중근을 위해 「코코아 한 잔」을 쓴 해는 1911년, 하얼빈역에서 이토(본명 도시스케)를 쏘아 죽인 두 해 뒤였다. 그렇다면 나는 일본의 시인 이시카와에게 한번 물어보고 싶었다, 당신은 어쩌자고 자국의 반역죄인인 도마를 테러리스트라 했느냐고.

누군가처럼 그도 공존의 양지를 지향하는 어둠의 자식이었던 것일까. 시인은 때로 세상의 모든 슬픈 테러리스트들을 위해 반역자가 되기도 한다.

하얼빈에는 도마가 산다

어젯밤 연길을 떠나온 기차가 하얼빈역에 도착한 건 다음날 오전 7시경이었다. 차에서 내린 나는 100년 전 그날을 되짚어 보았다.

1909년 3월, 안중근은 강기순·김기룡·박봉석·백낙규·유치현·정원식·황병길 등과 함께 비밀결사대(단지회斷指會)를 조직한다. 이토 히로부미伊藤博文를 암살하기 위해서였다. "앞으로 3년 안에 이등박문을 암살하지 못할 시에는 대한제국 국민들에게 속죄하는 마음으로 스스로 목숨을 끊겠다"고 다짐했을 만큼 도마의 생각과 계획은 오직 하나였다. 이토를 죽이는 것이었다.

그해 9월, 이토가 북만주 시찰을 명목으로 소련의 코코프체프와 회견하러 온다는 정보를 입수한 도마는 권한촌(훈춘과 방천 사이에 있는 마을)을 떠났다. 연해주에 도착한 그는 크라스키노에서 단지동맹을 가진 뒤, 블라디보스토크발 하얼빈행 기차에 몸을 실었다.

10월 26일 9시경이었다. 이토가 탄 기차가 하얼빈역에 도착했다. 그를 마중 나온 코코프체프는 기차 객실로 들어가 회담을 마친 뒤 이토와 나란히 소련 의장대 사열을 받으며 환영 나온 군중 쪽으로 걸어 나왔다. 군악대의 장중한 연주와 함께 환영식장은 뜨겁게 달아올랐다. 일본인으로 가장해 환영식장에 몸을 숨긴 도마는 3년 전 을사늑약 때 품었던 가슴에서 권총을 꺼내 방아쇠를 당겼다. 순간 하얼빈역 플랫폼은 세 발의 총성과 함께 아수라장으로 변했다.
  밖으로 나와 입장권(1위안)을 끊은 나는 그 자리부터 가 보았다. 찬바람 나부끼는 플랫폼 바닥에는 삼각형 한 개와 정사각형 한 개가

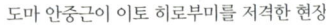
도마 안중근이 이토 히로부미를 저격한 현장

갈색 타일로 깔려 있었다. 삼각형은 도마가 총을 겨눈 자리이고 사각형은 이토가 쓰러진 자리로, 그곳을 걸음으로 재보니 일곱 보步였다.

물론 도마는 단순히 이토를 살해하는 데서 그치지 않았다. 려순감옥으로 이첩되어 사형을 선고받은 그는 항소를 포기하고 『동양평화론』을 집필하는 데 몰두했다. 놀라운 사실은 그 책이 한·중·일 세 나라의 공존과 단결, 동아시아의 평화를 뼈대로 삼고 있다는 점이다. 그러니까 도마는 『동양평화론』을 통해 자신이 사형당한 중국의 려순을 동양 평화의 근거지로 삼아 한·중·일의 '동양평화회의'를 창설하고, 세 나라의 공동은행과 공용화폐 유통 등을 주창한 것이다.

이토를 저격한 현장을 둘러보고 나온 나는 역 광장을 배회하는 중 김창수라는 이름을 떠올렸다. 동학혁명이 일어난 1894년은 16세의 안응칠이 김아려라는 처녀와 결혼한 뒤, 자신의 이름을 안중근으로 바꾼 해이기도 하다. 바로 그 해에, 도마의 아버지 안태훈(진사)은 관군에 쫓기는 농민군 대장 김창수를 자기 집에 은닉시켜준 일이 있었다. 안 진사의 도움으로 목숨을 건진 김창수는 그 뒤 이름을 김구로 바꿨는데, 백범은 훗날 도마 안중근을 다음과 같이 회상했다.

"안중근은 영리하고 사격술이 뛰어나서 한번 겨눈 것은 놓치는 법이 없었다."

내친 김에 발길을 남강구 화위안가花園街 79호로 돌렸다. 장시간 기차를 타고 온 터라 몸은 좀 지쳐 있었지만 려순감옥으로 이첩되기 전 도마가 일주일을 머물렀던 옛 일본 총영사관을 둘러보지 않고는 아침을 먹을 수 없었다. 하지만 허탈했다. 1902년 2월 지하 1층, 지상 3층으로 지었다는 일본 총영사관은 현재 초등학교가 들어서 있었다. 마침 자리를 지키고 있던 교감선생이 친절히 안내를 해주었으나 지하 감방 어디에도 도마의 흔적은 보이지 않았다. 교감선생 말에 의하면 당시의 고문 도구들은 어떤 고물상이 가져갔다고 한다.

착잡한 심정으로 돌아서는데 한 여걸이 눈에 밟혔다. 경북 영양군 석포 출신인 남자현이었다. 한국 정부로부터 건국훈장과 대통령장을 받은 그는 3·1운동에 투신한 뒤 중국으로 망명하여 서로군정서에 몸담았다. 유일한 여성 대원이었던 그는 이듬해 10월 청산리전투에서도 혁혁한 공을 세웠는데, 그가 바로 이곳 하얼빈 주재 일본 총영사관 지하 감방에 구금되어 반 년을 지낸 남자현이다. 그녀를 일컬어 이곳 사람들은 '독립군의 어머니'라 부르기도 한다.

인근 식당에 들어가 시장기를 달랜 나는 자오린공원(옛 하얼빈공원)으로 향했다. 송화강변에 위치한 탓인지 바람이 제법 매서웠다. 그동안 지낸 연변이 안방이었다면 흑룡강성 하얼빈은 귀가 떨어져나갈 것 같은, 어림잡아 체감온도는 영하 20도를 밑돌았다.

'내가 죽거든 하얼빈공원 곁에 잠시 묻어 두었다가 우리의 국권이 회복되거든 고국으로 반장해달라'는 유언을 남긴 안중근. 그러나 부끄럽게도 도마의 유언은 지켜지지 못했다. 그의 유해는 현재까지도 행방불명 상태다. 비단 도마만이 아니다. 집안일은 염려 말고 남자답게 싸우라며 아들을 격려했던 도마의 어머니 조마리아 유해 역시 아직 찾지 못했다. 범(조마리아)이 범(도마)을 낳았다는 그 둘의 영혼은 지금 어느 산천을 떠돌고 있는 것일까? 단언컨대 두 범의 유해는 영영 찾아내지 못할 것이다. 일제는 요주의 인물들을 증거인멸하는 데 있어서 용의주도했다. 그것은 다름 아닌 화장이었다.

의거 직전 공원 근처 사진관에서 동지들과 기념사진을 촬영한 자오린공원에 도착한 나는 그만 맥이 풀려버렸다. 공원 입구에는 '빙등

제 기간을 맞이하여 앞으로 2주간 동안 공원 출입을 금한다'는 공고문이 붙어 있었다. 정문으로 들어가려다 관리인에게 제지당한 나는 혹시나 하는 마음에 후문 쪽으로 걸음을 옮겼다. 그곳 역시 공사가 한창이었으나 두어 곳 틈은 보였다.

얼음탑을 쌓느라 정신없는 인부들을 구경하는 척 서 있던 나는 쏜살같이 공원 안으로 몸을 숨겼다. 내일이라도 공원을 개방한다면 모를까 더 이상은 기다릴 여유가 없었다. 하지만 도마의 기념비를 찾는 일은 쉽지 않았다. 공원 안 역시 빙등제를 준비하는 인부들과 송화강에서 가져온 얼음덩어리들로 인해 어수선하기 짝이 없었다.

중국의 혁명열사인 조린兆麟의 이름을 따서 자오린공원으로 개명한 공원을 얼마쯤 헤매고 다녔을까. 인부들의 따가운 시선을 피해가며 술래잡기를 하던 나는 연못 주변에 세워진 비를 하나 발견했다. 하얼빈공원에 자신의 유해를 잠시 묻어달라고 한 도마의 기념비였

다. 1m 높이의 기념비 앞뒤에는 도마의 단지와 함께 '연지硯池', '청초당靑草塘'이라는 유묵이 새겨져 있었다. '연지'라면 벼루 앞쪽에 오목하게 팬 부분을 말하는데, 그렇다면 못은 못인데 청초당과는 반대로 검은 못? 도마는 그곳에 잠들어 있는지도 모른다.

마루타, 제731부대

잠깐 눈을 붙일 것인가, 아니면 731부대를 마저 다녀온 뒤에 숙소를 잡을 것인가를 두고 망설이던 나는 버스에 올랐다. 한 시간 가까이 달려온 버스가 정차한 곳은 평방구 신강대가平房區 新疆大街였다.
제2차 세계대전 당시 731부대 본부였던 지상 2층, 지하 1층 건물 안으로 들어설 때였다. 제일 먼저 눈에 들어온 것은 인체를 해부할 때 사용한 기구와 집기들이었다. 전쟁 막바지에 이르러 패전이 짙어

지자 일본군은 해란강학살과 경신년학살에서처럼 가는 곳마다 상상을 초월한 만행을 저질렀는데, 영하 40도나 되는 추운 곳에 발가벗겨 놓고 동상에 걸리는 과정을 실험하거나 말과 원숭이 등의 피를 혈관에 투입하여 그 결과를 지켜보고, 심지어는 산모에게 매독균을 투입한 뒤 산모와 태아를 해부하기까지 했다.

과연 어디까지가 사실이고 어디까지가 떠도는 풍문인 것일까? 그날의 참상을 벽에 걸린 흑백사진을 통해 되짚어가던 나는 "인간은 본래 왕도, 위대한 자도, 부유한 자도 아니"라고 주장한 제네바의 시민 루소의 말에 고개를 끄덕였다.

1935년에 세워져 1945년에 폐쇄된 뒤 현재는 기념관으로 이름이 바뀐 옛 731부대 주둔지의 희생자 명판에는 심득룡, 리청천, 한성진 등 조선인도 눈에 띄었다. 특히 소련 코민테른이 파견한 첩보원 심득룡의 자료 중에서 중국인 부인과 다정하게 포즈를 취한 결혼사진은 눈시울을 붉혔다. 분명 그것은 혁명과 전쟁으로 얼룩진 19세기의 슬픈 초상화였다.

강원도 회양 출신인 심득룡이 중국 공산당에 가입한 건 1929년이었다. 공산당 가입 후 동북항일인민혁명군, 청년사업단에 몸담은 그는 러시아로 유학을 떠나는데, 팔로군 군관으로 파견된 건 1940년 3월이었다. 이듬해 러시아로부터 "일본군과 관련한 정보를 수집하라"는 지령을 받은 그는 그 일을 수행하던 중 발목이 잡혀 이곳에서 생체실험을 당했다.

1935~1945년 일본이 패망할 때까지 이곳 731부대 세균전 실험센터에서는 자그마치 3000명(일설에는 1만 명이 넘는다는 주장도 있다)이 넘는 포로들이 생체실험에 이용되었다고 한다. 조선인을 비롯

해 중국, 몽골, 러시아인들이 그 희생물이었다. 화가 나는 건 731부대의 책임자라고 할 수 있는 부대장 이시이 시로우의 행방이다. 그는 인체실험 성과를 미국에 제공하는 조건으로 신변이 보장되었다.

1990년 여름 일본을 방문했을 때다. 지하철 신쥬쿠역에 눈길을 끄는 광고가 하나 있었다. '리틀보이'라는 원자폭탄이 투하된 히로시마에서 반전·평화 행사가 열리고 있다는 광고였다. 도쿄 고도부끼 인력시장에서 팔려가는 동남아인들의 취재를 마친 나는 다음날 히로시마로 향했다. 남에게 폐 끼치는 걸 가장 싫어한다는 일본인들은 주노년밀했다. 리틀보이기 투하된 자리에 기념관을 세운 그들은 그곳을 찾은 방문객을 붙들고 자신들도 미국의 피해자라며 호소했다.

고백컨대 나는 예의 90도로 허리를 굽혀 외국인을 맞는 일본인들의 눈길을 피하고 싶었다. 어딘가 모르게 간사한, 그들의 인사치레 때문이었다. 그나마 위안이 된 건 며칠 뒤 도쿄에 다시 올라와 본 「검은 비黑雨」였다. 흑백필름의 이 영화는 '리틀보이'를 가운데 두고 히로시마에 왜 원자폭탄이 투하되었는지, 그 점을 묻고 있었다.

길을 물었다, 또 물었다

'그물을 말리는 마당'이라는 뜻을 가진 하얼빈은 자그마한 어촌에서 출발했다. 1896년 중·러 밀약이 체결되고, 러시아가 동청철도(수분하~만주리)를 놓으면서 변모를 거듭하는데, 당시 하얼빈은 2개 지구로 분할되어 있었다. 그중 러시아가 차지한 곳은 부두구(도리)·신시가(남강)·향방으로, 이 세 곳을 일컬어 하얼빈이라고 불렀다(1910년).

다른 지역에 비해 조선인의 이주도 상당히 늦은 편에 속했다. 연변 조선족자치주가 일찍이 이농으로 터를 닦았다면 하얼빈은 철도 건설과 함께 몰려든 도시 이주민 노동자들이 그 시작이었다. 그리고 두만강이나 압록강을 건너온 이주민보다는 연해주를 통해 건너온 이주민이 대부분이었을 만큼 하얼빈은 러시아의 영향이 컸다.

어제 강행군을 한 탓이었을까. 눈을 뜨니 예전과 다르게 몸이 무거웠다. 얼마나 추웠던지 간밤에 빨아 넌 양말이 덜 말랐다. 이럴 땐 방법이 하나 있다. 헤어드라이 주둥이에 양말 주둥이를 끼운 다음 파워를 켜면 금방 마른다.

간밤에는 이런 일도 있었다. 단잠에 빠져 있는데 삐리리, 객실 전화벨이 울렸다. 밤 11시가 다 된 시각이었다.

"선생님 피곤하시지요? 안마 받으세요."

전화를 끊고 5분쯤 지났을까. 전화벨이 또 울렸다. 이번에는 중국

어로 꼬리를 쳤다. 앳된 목소리의 여자가 '마사지'를 반복하는 걸로 보아 성매매 여성임에 틀림없었다. 수화기를 내려놓은 나는 침대에 누운 채 한동안 생각에 잠겼다. 긴 잠에서 깨어난 호랑이가 마침내 기지개를 켰다며 야단법석인 사회주의 중국의 또 다른 면을 보는 것 같았다.

불쾌하고 찝찝한 호텔에서 나온 나는 곧장 역으로 향했다. 어제 기차에서 내렸을 때 예매를 하려 했으나 텃세를 부리듯 매표원은 시계를 가리켰다. 아직 예매시간이 안 되었으니 9시 이후에 오라는 소리였다. 이국을 여행하는 도중 재차 걸음 하는 일이 어디 한두 번일까마는 오늘은 그 덕에 거리의 늙은 악사도 구경하고, 구두를 닦아 생계를 꾸리는 아줌마들과 노닥거리는 기회도 주어졌다. 감청색 가운을 걸친 6명의 아줌마들이 둘씩 짝을 지어 구두를 닦는 모습은 중국의 또 다른 풍경이었다.

버스에서 내린 나는 행인들에게 하얼빈 열사능원烈士陵園이 있는 곳을 물었다. 첫 번째 행인도, 그 다음 행인도 고개를 가로저었다. 길을 물어야 하는 여행객의 입장에서 보면 바로 이럴 때 맥이 빠진다. 특히 겨울철에는 길을 물었는데도 아무런 대꾸가 없으면 '십원짜리(?)'가 불쑥 튀어나올 때도 있다. 열사능원에 잠들어 있는 '21열사'를 찾아가는 오늘이 바로 그런 날이었다. 바들바들 떨어가며 찾긴 했지만 반시간 넘게 그 주변을 헤매고 다녔다.

하얼빈 21열사라 함은 국민당에 맞서 싸우다 전사한 조선의용군을 말한다. 대원 전원이 조선인으로 구성된 조선의용군 제3지대는 1946년 4월 28일 동북민주련군과 합세하여 국민당을 몰아내고 하얼빈을 탈환하는데, 이곳 시민들은 그날을 기려 하얼빈 해방의 날로 기념하고 있다.

그보다 이틀 전인 1946년 4월 26일 자정, 협정에 따라 소련군은 하얼빈에서 철수했다. 소련군의 철수를 학수고대한 동북민주련군과 조선의용군은 마침내 국민당을 몰아내고 하얼빈에 공산당 깃발을 꽂았다. 그러나 조선의용군의 승전 기쁨은 21명의 죽음으로 그만 막을 내리고 말았다. 중국 공산당의 신뢰 속에 하얼빈의 위수임무를 맡았던 조선의용군 중 21명이 국민당과 연계된 토비들의 기습을 받아 숨을 거둔 것이다.

하얼빈에서 만난 이효석

만주에서 하얼빈만큼 이색적인 도시가 또 있을까. 중앙대가中央大街 입구에서 송화강에 이르는 1.4km 거리를 산책삼아 걷는데 마음이 두 개로 갈렸다. 하나는 전혀 중국 같지가 않다는 것이고, 다른 하나는 이 거리가 신기하면서도 낯설다는 것이다.

문화혁명 시절 폭파시켜 버리자는 의견이 분분했으나 용케 살아남아 하얼빈 경제에 효자노릇을 하고 소피아 성당을 지나, 스탈린광장을 향해 걷고 있을 때였다. 건축물들이 하나같이 이국의 모습을 하고 있었다. 이래서들 하얼빈의 중앙대가를 일컬어 동방의 모스크바, 중국 속의 작은 파리라고 하는 걸까!

 이번에는 한 상점에 진열된 마트료슈카(시베리아 특산물인 목각인형)와 눈이 맞았다. 중앙대가 어디에서나 눈에 띄는 이 인형은 러시아어로 '마츠', 즉 어머니라는 어원에서 비롯되었다고 한다. 다산과 풍요를 기원하는 깜찍한 그 인형들과 무언의 대화를 주고받던 나는 일제강점기에 하얼빈을 여행하던 중 이곳 어딘가를 무대로 삼아 쓴 이효석의 단편소설 「하얼빈」 한 구절을 음미했다.

 송화강가로 나가 긴 둑을 걸어 요트·구락부에 이르러 떽·파아러어에 앉으니 넓은 강이 바로 눈 아래에 무연하게 열린다.
 파아러어에는 식사하는 손님들이 거의 꼭 차 있고 홀 안 부대에서는 벌써 오후 여섯시가 되었는지 밴드의 음악이 흘러나온다. 나는 그 음악을 하얼빈의 큰 사치의 하나라고 아까워한다. 식사하는 사람들이 그 음악을 대단히 여기는 것 같지도 않고 첫째 그것을 이해하고 즐기는 사람이 몇 사람이나 될까. 차이코프스키의 실내악은 개발에 편자같이 어리석은 군중의 귀를 무의미하게 스치면서 아깝게도 흐른다. 하얼빈은 이런 사치를 도처에서 물같이 흘리고 있다.

그 마음이 곧 내 마음일까? 70여 년이 지난 지금의 내 눈으로 보아도 하얼빈은 별로 변한 게 없다. 이효석의 말대로 사치스럽다. 그나마 가슴 한 켠이 훈훈해진 건 송화강에서 아버지와 딸이 합심하여 팽이를 치는 모습이었다. 중국이나 한국이나 언 손을 호호 불어가며 팽이를 치는 동작은 더할 것도 뺄 것도 없이 쏙 닮았다.

겨울에는 언 강을 건너 태양도를 다녀올 수 있다.

만주리에서

스텐카 라진과 똥

　하얼빈에서 만주리까지는 981km. 그동안 탄 기차 중에서 요금(208위안)이 가장 비쌌다. 물론 크게 염려할 것까지는 없었다. 저녁 7시 54분에 출발하는 기차를 탄 것도 하룻밤 숙박비를 염두에 둔 일정이었으니……
　내몽고자치구 만주리행 기차는 간간이 러시아인들이 눈에 띄었다. 내가 탄 침대칸에도 러시아 청년이 뒤이어 탑승을 했는데, 중국인들과 다른 점은 눈으로 인사를 건넬 줄 안다는 것이다. 몇 해 전부터 시베리아 횡단(연해주)을 꿈꾸어 온 내가 먼저 "즈드라스스부이쩨(안녕

하세요)" 인사를 건네자 그 청년도 눈웃음으로 응수했다.

러시아와 한국 사이에 '짬뽕언어'가 오간 건 둘의 얼굴이 불콰하게 물들어가고 있을 때였다. 술은 묘한 마력을 갖고 있었다. 인체에 적당히만 투여하면 한순간에 하나가 될 수 있고, 그 어떤 장벽도 반 시간을 채 넘기지 못하고 무너졌다. 우리 두 사람도 그 전철을 밟아 가는 중이었다. 내가 먼저 통성명을 하자 맞장구를 치듯 그도 "베흐쩨레프"라고 발음했다.

가까운 일본이나 중국보다 러시아 문학을 먼저 접한 탓이었을 게다. 도스토예프스키를 비롯해 톨스토이, 막심 고리끼, 숄로호프, 알렉산드르 뿌쉬낀, 블라지미르 쏠로비요프, 보리스 빠스제르나끄, 세르게이 예세닌, 마야꼽스끼……. 1980년대에 내 심장을 요동치게 했던 러시아 작가들의 이름을 머리에 떠오르는 족족 나열하자 베흐쩨레프의 제스처도 풍선처럼 커졌다.

내침 김에 이번에는 '넘쳐 넘쳐 흐르는 볼가 강 물위에 스텐카 라진 배 위에서 노랫소리 들린다'는 러시아 민요를 들려주었다. 이 곡은 1920년대 만주 일대에서 순국한 독립군 추도의 노래로 광복군에 의해 많이 불렸는데, 우리 둘은 이 노래로 멋진 앙상블을 이루기도 했다. 지구촌 최후의 소통은 노래라고 했던가. 내가 '산에 나는 까마귀야 시체 보고 우지 마라 몸은 비록 죽었으나 독립정신 살아 있다'며 〈스텐카 라진〉을 한국어로 부르자 흥이 난 그는 러시아어로 하모니를 이뤘다.

흐뭇한 술자리 덕에 그날 밤은 잠도 달았다. 아이가 칭얼대는 소리에 눈을 뜬 나는 습관처럼 침대칸 쪽창 커튼을 젖혔다. 창밖은 아직 어두웠다. 하이라얼을 지나면서는 승객들이 썰물처럼 빠져나가 객실이 썰렁했다. 화장실이 급한 나는 자리를 털고 일어났다.
 청소를 하는 것일까. 더운 김이 나는 주전자를 손에 든 승무원이 낑낑대고 있었다. 등 너머로 살짝 훔쳐보니 아뿔싸, 그는 화장실의 똥을 녹이는 중이었다. 몇 사람의 분량인지는 알 수 없으나 똥탑은 제법 높았다. 일은 거기서 끝나지 않았다.
 청소를 다 마친 승무원이 돌아간 뒤, 수세식 화장실로 들어간 나는 식전부터 곤혹을 치러야 했다. 바지를 내리고 자리에 앉는 순간 쏴아, 찬바람이 엉덩이를 덮친 것이다. 칼바람은 시간을 지체할수록 시베리아 냉기로 변했는데, 똥이 나올 리 없었다. 자라목을 한 듯 나오려다 들어가 버리고, 나오려다 그만 들어가 버리고……. 벌써 5분 넘게 쭈그리고 앉아 끄응, 젖 먹던 힘까지 주는데도 어찌된 노릇인지 아침마다 잘 나오던 똥은 감감무소식이었다.

만주리 박재선 씨

 만주 횡단의 시발점이 되는 만주리. 아침 해는 하얼빈보다 한 시간 늦은, 8시 30분경에 떠올랐다. 차창 밖 풍경도 어제 본 얼굴은 아니었다. 스모그로 찌든 중국과 달리 내몽고 초원은 지평선 끝자락이 파란 하늘과 맞닿아 있었다.
 정오 무렵에 도착한 만주리 역시 러시아와 몽골을 반반씩 섞어놓은 듯했다. 인구 20만의 도시 어디에도 중국의 모습은 없었다. 인상적인 건 마티즈 크기의 택시 안으로 몸을 구겨 넣는 러시아인들의 택시 타기 풍경이었다. 세 명의 러시아 남자들은 자신의 거구를 택시 안으로 밀어 넣느라 진땀을 빼고 있었다.

만주리에 대한 사전 정보가 전혀 없는 나로서는 살을 에는 추위에도 불구하고 한 템포 늦출 수밖에 없었다. 얼추 승객들이 역을 다 빠져나간 뒤에야 나는 택시 기사에게 메모한 것을 내밀었다. 그는 고개를 내저었다. 다음 기사, 그 다음 기사도 마찬가지였다. 벌써 네 명의 기사를 붙들고 물었지만 조선족의 향방은 묘연했다. 그때 누군가 "시엔성!" 나를 불렀다. 두 번째 택시 기사였다. 그녀는 사뭇 상기된 표정으로 핸드폰을 들어 보였다. 남들보다 한발 앞서가는 그녀의 기민함에 나는 박수를 보내고 싶었다. 어디론가 전화를 걸어 조선족이 있는 곳을 알아낸 것이다.

기본요금 10위안에 3위안을 더 얹어 요금을 지불한 나는 택시 기사가 일러준 '애화방공용품상점愛花房公用品商店' 안으로 들어갔다. 밖에서 보는 것과 달리 안은 꽤 널렀다. 30대 초반의 여자에게 한국에서 왔다고 운을 떼자 조선말이 어눌한 그녀는 나를 2층으로 안내했다. 그녀의 시아버지가 되는 박재선 씨는 거동이 불편해 보였다.

"4년 전에 허리를 다쳐 이 모양입니다. 그런데 여기를 어떻게 알고……?"

"택시 기사가 알려주었습니다."

"그래요? 아무튼 반갑습니다."

박새선 씨는 문구도매와 무허가 민박을 하고 있었다. 통화에서 농사를 짓다 10여 년 전 만주리로 옮겨 왔다는 그가 대뜸 국경의 근황을 꺼내들었다.

"한국에서는 국경이 살벌한 곳이지만 중국은 다릅니다. 모든 거래는 국경을 통해 이뤄집니다. 총보다는 돈이 먼저 오간다고 할까요."

물론 그는 매우 소중한 것을 잃기도 했다. 아들의 조선말이었다.

"10여 년 전 이곳에 왔을 때 조선족은 단 네 집뿐이었습니다. 밖으로만 나돌던 아들이 조선말과 멀어진 것도 그때부터였는데, 조선말을 나눌 친구가 없는 겁니다."

중국 공산당에 입당한 뒤 한국전쟁에도 참전한 그는 한국인에 대한 반감도 상당히 노골적이었다.

"6·25만 터지지 않았어도 한국 정부가 조선족을 바라보는 눈은 크게 달라졌을 것입니다. 하지만 우리로서는 선택의 여지가 없었습니다. 조선족 남자 10명 중 그 절반이 중국 공산당에 가입한 것입니다. 이런 우리의 고충을 헤아리지 못하고 한국 정부는 이념의 잣대만 들이대는데, 분명한 건 조선족 대부분이 조선의 독립을 위해 목숨 걸고 싸웠다는 것입니다."

그러면서 그는 최근 중국으로 여행 오는 한국인들의 세태를 꼬집기도 했다.

"솔직히 나, 한국인 별로 좋아하지 않습니다. 왜 한국인들은 하나같이 부자 행세만 하려 들고 정작 약속은 헌신짝처럼 팽개치는지……. 한국인들이 떠나면서 남긴 허세 때문에 조선족 입장이 난처할 때가 한두 번이 아니었습니다."

그러나 내가 힘들었던 건 한국인을 향한 그의 거침없는 비판도, 조선족으로 살아오며 겪은 고충도 아니었다. 다름 아닌 담배였다. 중국은 술 대신 담배를 자주 권하는데 10분 간격으로 내미는 담배를 넙죽넙죽 받아 피우려니 그야말로 죽을 지경이었다. 채 한 시간도 못되어 담배 한 갑이 썰물처럼 바닥을 드러냈다.

러시아 가는 길

불법체류자 신분으로 민박을 찾아오면 돌려보내거나 공안에 신고부터 한다는 박재선 씨의 집을 나선 건 오후 2시경이었다. 그의 집에서 러시아 국경이 있는 국문國門까지는 왕복 18km로 만주리 시내는 온통 러시아어와 몽골어 간판 일색이었다.

여름에는 새벽 4시경 날이 밝고 밤 9시에 해가 저문다는 만주리 시가지를 벗어나자 국경으로 가는 8차선 도로는 활주로를 연상시켰다. 박재선 씨의 말마따나 여름에 이곳을 온다면 천국이 따로 없을 것 같았다. 길 오른편 터아오광장 역시 온통 러시아풍이었다.

그도 그럴 것이 러시아 자비이칼스크와 맞닿아 있는 만주리는 1911년 청나라가 몰락한 뒤 잠깐 몽골족이 지배했었다. 3년 뒤 중국이 다시 되찾기는 했지만 여전히 그 불씨는 남아 있다고 할 수 있다. 티베트처럼 중국의 소수민족 문제가 불거진다면 언제든 시한폭탄으로 변할 수 있기 때문이다.

관람권을 예매해 국문 안으로 들어서자 150m 전방에 러시아 국경이 나타났다. 날씨가 을씨년스럽고 인적이 뜸할 뿐 국경으로 가는 길은 평화로웠다.

'우리는 언제쯤 국경을 관광지로 조성해 돈을 벌 수 있을까?'

길을 걸으며 이 생각 저 생각에 골똘해 있는데 목재를 가득 실은 화물열차가 러시아 국경을 통과해 만주리로 진입하고 있었다. 러시아에서 들어오는 주요 품목은 원유, 목재, 화학제품 등으로 이곳 사람들의 말에 따르면 러시아는 저 목재만 팔아도 20년은 끄떡없을 거라고 했다.

그런가 하면 중국에서 수확한 수박 한 트럭으로 러시아에서 생산한 시멘트 한 트럭과 맞바꾼다는 웃지 못할 이야기가 나돌 정도로 보따리 장사꾼들의 왕래도 잦았다. 그들 중 조선족과 이북민 수는 2만여 명으로, 다른 국경에 비하면 꽤 많은 편이었다.

중국 쪽 경계비 앞에 선 나는 '풍요로운 자원과 뼈 빠지는 자력'에 대해 다시 한번 생각하지 않을 수 없었다. 그때 마침 만주리 쪽에서 차를 몰고 나타난 러시아 연인이 승용차에서 내렸다. 여행을 온 것일까, 차에서 내린 둘은 호들갑을 떨며 찰칵! 찰칵! 기념촬영을 하더니 부르릉, 눈 깜짝할 사이에 자신의 나라로 돌아가 버렸다.

비록 순식간에 벌어진 일이긴 했지만 나는 20대 중반의 그들이 엄청 부러웠다. 60년이 다 되도록 열리지 않고 있는 문 때문이었다. 어느 한쪽의 잘잘못을 떠나, 한 생명이 태어나 맞는 회갑은 분명 부끄러운 나이였다.

갈 적에는 두근두근 가슴이 설레나, 돌아올 적엔 수렁 같은 그 길을 타박타박 걸어 나올 때였다. 제발, 발해니 고구려니 간도니 하며

떠들지 말고 통일부터 이루라던 한 조선족의 충고가 내 싸대기를 걸어 올렸다.

몽골 가는 길

몽골 국경까지는 81km. 무엇보다 택시를 대절하는 일이 쉽지 않았다. 버스는 더욱 절망적이었다. 만주리에서 반 시간 거리에 있는 신바이얼까지만 운행할 뿐 국경까지 가는 버스는 아예 없었다.

어렵게 선이 닿은 건 밤 10시가 지나서였다. 전화통을 붙든 지 무려 한 시간 만에 답을 받아낸 박재선 씨는 그제서야 한시름 놓은 표정으로 나를 쳐다보았다.

"겨울철인데다, 박 선생이 가고자 하는 곳이 국경이어서 더욱 그럴 겁니다. 왕복 250(위안)에 합의를 봤으니 잘 다녀오십시오."

박재선 씨가 자신의 방으로 돌아가고, 벌써 자정이 지나도록 나는 잠을 이루지 못했다. 도로변으로 난 창문이 심하게 덜컹거렸다. 바람막이조차 없는 초원 한복판에 도시를 세운 탓이었다. 침대에서 몸을 일으킨 나는 불을 켜고 커튼을 젖혔다. 순간, 내 몸에 오싹 소름이 끼쳤다. 겹창 중 바깥 창문은 이미 냉동실로 바뀌어 있었다.

여분의 타이어를 짐칸에 실은 택시가 출발한 건 다음날 오전 10시경이었다. 30대 중반의 택시 기사는 골초 중에 골초였다. 창문을 열면 춥고, 꼭 닫고 있으려니 숨통이 막힐 지경이고……. 그렇다고 그만 피우라고 제지할 수도 없었다.

초원을 가로질러 달리던 택시 기사가 손가락으로 차창 밖을 가리켰다. 들쥐였다. 두 마리의 들쥐는 눈밭에서 부지런히 먹이를 찾고

있었다. 깜짝 놀란 건 그로부터 10여 분쯤 지나서였다. 이번에는 이리가 모습을 드러냈다. 녀석은 택시를 보고도 짐짓 태연했다.

눈 쌓인 내몽고 초원을 달려온 택시가 드디어 만주리를 떠난 지 한 시간 반 만에 러시아와 몽골로 갈라지는 세관 앞에 멈추었다. 차에서 내리던 나는 9월부터 이듬해 4월까지는 국경이 통제된다는 박재선 씨의 당부를 떠올렸다.

몽골에서 이미 경험한 바지만 만년설로 뒤덮인 초원은 아예 길이 없었다. 무엇보다 방위를 잡는 일이 어려웠다. 대부분의 기사들은 전봇대를 중심으로 길을 헤쳐 나갔는데, 중국에서 몽골로 넘어가는 국경은 다행히 가방에서 나침반을 꺼내는 수고는 덜 수 있었다. 당장 급한 건 추위였다. 망루가 있는 곳까지는 어림잡아 왕복 7km. 출발 지점으로 다시 돌아올 수 있을지 장담할 수 없었다. 국경 초입 게르

(몽골의 초막)가 있는 곳에서 걸음을 멈춘 뒤 카메라의 피사체를 망루에 고정시켜 줌을 당겨 보았으나 70mm 줌으로는 역부족이었다.

  택시를 세워둔 곳으로부터 300여 m쯤 걸어 나갔을까. 차에서 기다리겠다던 택시 기사가 멈추라는 손짓을 하며 헐레벌떡 뛰어오고 있었다. 그 옆에 군인도 함께였다. 지뢰를 밟은 듯 모든 동작을 멈추고 서 있으려니 국경의 칼바람이 예리하게 날을 세웠다. 호주머니에 손을 넣어보았지만 소용없는 일이었다. 남아 있던 체온까지 다 빠져나간 호주머니 안은 이미 얼음장으로 변해 있었다. 바람막이조차 없는 영하 25도의 허허벌판에서 누군가를 기다린다는 건, 혹독한 시련이 아닐 수 없었다.

  지금 저자는 무슨 말을 하고 있는 걸까? 내가 아무런 반응을 보이지 않자 군인은 급기야 총부리를 들이댔다. 순식간에 벌어진 일이라 당황한 나는 가방에서 여권을 꺼내 그에게 건넨 뒤, 택시 기사에게 핸드폰을 좀 달라는 제스처를 해보였다. 박재선 씨에게 전화를 걸 참이었다.

박재선 씨와 통화를 마친 나는 총부리를 거두지 않고 있는 군인에게 핸드폰을 건넸다. 순간 내 몸이 사시나무처럼 떨렸다. 동시에 엄습해오는 긴장과 추위 때문이었다. 다행히도 박재선 씨와 통화를 마친 군인의 표정은 한결 누그러졌다.
　걸어서 국경을 넘어보리라는 계획은 수포로 돌아갔지만 실패라는 생각은 들지 않았다. 문명의 시대에 문맹의 국경을 보았다고 할까. 산도 강도 아닌, 초원 한가운데 서 있는 국경은 차라리 낭만에 가까웠다.

몽골과 러시아로 가는 국경

목단강에서

열차도박단

　오후 5시 41분에 만주리역을 출발한 기차는 다음날 오전 8시경 하얼빈에 도착했다. 나는 서둘러 30분 뒤에 출발하는 목단강행 기차로 갈아탔다. 왕복 30시간을 기차에서 보낸 터라 몸은 이미 파김치가 되었지만 한시라도 빨리 하얼빈을 벗어나고 싶었다. 다른 도시에 비해 하얼빈은 빙등제 기간인 겨울철이 더 번잡스러웠다.
　조금 난처한 입장에 처한 건 기차에 올라서였다. 좌석을 찾아 앉긴 앉았으되 맞은편 여자의 무릎과 내 무릎이 옴짝달싹 못하게 맞닿아버렸다. 무슨 소설의 제목처럼 '내 무릎과 그녀의 무릎'이 어쩔 수 없이 스킨십을 하고 있는 꼴이었다. 일반좌석 기차를 타면 이처럼 종종 희비가 엇갈릴 때가 있다. 이태 전 자취를 감춘 통일호 열차처럼 직각 등받이에 세 명이 앉아 가는 터라 보통 불편한 게 아니다. 특히 창 쪽 좌석은 화장실을 한 번 다녀오려면 진땀이 난다. 나머지 다섯 명의 승객에게 무릎을 접거나 한쪽으로 돌려달라는 양해를 구해야 하기 때문이다.

불편하기 짝이 없는 좌석에서 무엇보다 눈길 줄 곳이 마땅치 않은 내 시선이 해방을 맞은 건 커피와 빵, 사과 한 알로 대충 요기를 한 뒤였다. 건너편 좌석에서 판이 벌어지고 있었다. 보아하니 초면은 아닌 듯했다. 하얼빈역에서 핸섬한 차림의 남자가 팔등신의 계집을 달고 기차에 오를 때만 해도 나는 그들이 신혼여행을 떠나는 줄 알았다. 한데 그 쌍이, 꾼이었다. 매끈한 차림으로 승객들을 끌어 모은 '핸섬'은 서너 판만 맛보기로 내주었을 뿐 다음판도, 그 다음판도 싹쓸이로 일관했다. 벌써 판은 무르익어 100위안 권 지폐가 수시로 오갔다.

더욱 가관인 것은 신혼부부로 착각하기 십상인 둘의 능수능란한 수법이었다. 사내가 깡통맥주로 목을 축이면 기다렸다는 듯이 계집은 갖은 양념의 아양을 다 떨어가며 사내의 입 안으로 안주를 넣어주었다. 그 사이 승무원이 여러 차례 객실을 오갔지만 별다른 일은 없었는데, 승무원마저 모르쇠 하는 걸로 봐서 승객을 가장한 열차도박단이 분명했다.

소설가 이기영이 일제강점기에 만주를 여행하던 중 "만주는 술이 싸고 아편과 도박이 성행하며, 주색잡기에 눈을 뜬 그들은 곡식이 채 읽기도 전에 선변(장리연돈)을 내다가 하룻밤에 다 털어 없애고 만다"며 이미 지적했듯이 중국은 도박이 번창한 나라다. 음지로 몰려다니던 도박이 개화기를 맞은 건 개방화 이후로, 최근 들어서는 사회문제로까지 떠오르고 있는 실정이다. 자신의 가옥은 물론이고 아내, 심지어는 딸까지 걸고 도박하다 파산에 이르는 뉴스를 여러 차례 접했다. 특히 지금 내가 이동 중인 흑룡강성은 한때 비적과 마작으로 명성 높았던 곳이기도 하다.

목단강에서 만난 이미자와 등영초

목단강에 도착한 건 오후 2시경이었다. 육포를 오물거리며 역 광장을 빠져나오던 나는 이미자의 〈목단강 편지〉를 흥얼거렸다.

> 한 번 읽고 단념하고 두 번 읽고 맹세했소
> 목단강 건너가며 보내주신 이 사연을
> 낸들 어이 모르오리 성공하소서
>
> 오빠라고 부르리까 선생님이 되옵소서
> 사나이 가는 길에 가시넝쿨 넘고 넘어
> 난초 피는 만주 땅에 흙이 되소서

〈선구자〉를 비롯해 〈눈물 젖은 두만강〉, 〈복지만리〉, 〈광야에서〉 등 만주에서 만들어졌거나 만주를 배경으로 한 노래가 어디 한두 곡일까마는, 그중에서도 이미자가 부른 〈목단강 편지〉는 조금은 생소한 곡이었다. 한국인에게 목단강은 그만큼 낯익은 곳이 아니었다.

식당을 나온 나는 빈강공원濱江公園으로 길을 잡았다. 식당 주인의 말대로라면 택시나 버스를 타는 게 순리이나 소화도 시킬 겸 걷기로 했다. 차창 밖 풍경과 달리 발품을 파는 여행은 그 사람의 눈매와 입매, 잔주름 하나까지도 내 기억의 수첩에 곱다시 간직돼 있다고 할까. 이처럼 하나를 잃는 대신 다른 하나를 얻는 것이 있기에 세상은 덜 불공평한지도 모른다.

흑룡강성 동남부에 위치한 목단강은 룡정에 사는 어떤 할머니를 통해 들은 강이다. 그 할머니는 목단강에서 보낸 지난 세월을 못내 그리워하셨다.

"죽을 때가 돼서 그런가 봐. 요즘엔 생시처럼 목단강이 보여. 내 평생 딱 한 번 남자 등에 업혀봤는데, 거기가 목단강이야. 결혼하고 두어 달 되었나. 남편이 그날 냉면도 사줬어."

인간이 죽음을 두려워하는 이유는 그 삶을 사랑하기 때문이라고 했던가. 뜻밖에도 빈강공원 입구에는 8명의 여전사가 공격태세를 취하고 있었다. 한 전사는 누군가를 향해 총구를 겨눈 동작이고, 다른 전사는 숨이 끊긴 동료를 자신의 두 팔로 안은 채 어딘가를 응시하고 있었다.

1938년 10월 하순, 제5군 예하 제1사단 여전사들이 로도구에서 숙영을 하고 있었다. 일본군의 감시망을 벗어나지 못한 그들은 미처 손을 써볼 겨를도 없이 전원 포위되는 위기에 처하고 말았다. 그때, 투사의 기질을 발휘한 사람들이 있었다. 랭운, 리봉선, 안순복 등 8명의 여전사였다. 전멸의 위기에 처한 항일 게릴라 여전사들은 누가 먼저랄 것 없이 우수훈하에 뛰어들었다. 일본군의 시선을 그곳으로 따돌려 남은 동료들을 구하기 위한 일종의 교란작전이

었다. 빈강공원의 팔여투강상八女投江像은 바로 그날을 기념하는 석상이다.

이 기념비를 세운 등영초鄧穎超는 중국의 총리를 지낸 주은래周恩來의 아내로, 두 사람의 러브스토리는 지금도 중국인들의 술상에 종종 오르곤 한다. 스물한 살 주은래가 등영초를 만난 건 그녀의 나이 열다섯 살 때였다. 하지만 둘의 행로는 평탄치 못했다. 장개석과의 끈질긴 악연 때문이었다. 둘은 무려 25년 동안 쫓고 쫓기는 가시밭길을 헤쳐가야 했는데, 안타까운 점은 주은래가 총리에 오르도록 둘 사이에 아이가 없다는 것이었다. 고난의 대장정을 헤쳐 오는 동안 등영초는 이미 아기를 가질 수 없는 몸이 돼버렸다.

그 무렵, 등영초의 입에 자주 오르내린 사람은 여성편력의 대부 모택동毛澤東이었다. 모택동을 예로 들며 그녀는 남편에게 후처를 얻어 대를 이으라고 권유했지만 정작 남편 주은래의 반응은 시큰둥할 뿐이었다. 훗날 주은래는 그때의 일을 상기하며 다음과 같은 고백을 털어놓았다.

"내가 다시 결혼하게 된다면 평생을 나와 중국을 사랑한 '여자 영웅'이 매우 슬퍼질 것이다."

두 사람의 휴먼스토리는 비단 그것만이 아니었다. 부부는 혁명시절에 숨을 거둔 동지의 자녀들을 양자로 양육했고 그들 중 한 명이 훗날 중국의 총리를 지낸 이붕李鵬이었다. 뿐만 아니라, 둘은 도마 안중근과도 각별한 인연을 갖고 있다. 등영초는 도마의 일화를 남편 주은래와 함께 가극으로 꾸며 자신이 직접 안중근 역을 맡기도 했다.

만족어로 '무단우라(구비구비 흐르는 강)'를 뜻하는 목단강을 뒤로하고 찾아간 곳은 빈강공원에서 멀지 않은 조선족자치주였다.

산조, 찬이슬 잔디 우에 쓰러져 울다

가난도 풍경이 된다면 목단강시 조선족자치주 거리는 속살처럼 정겨웠다. 어릴적 할머니의 치맛자락을 꼭 움켜쥐고 따라나섰던 전라남도 무안군 일로읍 장터 풍경과 흡사했다. 그 거리에서, 추운 날씨

에도 불구하고 한 할아버지가 옥수수를 튀기고 있었다.

"한국에서 온 것 같은데, 목단강엔 무슨 일로?"
"여행 중입니다."
"혼자 다니면 적적할 텐데……. 목단강에는 처음인 게야?"
"네. 근데 어르신, 어르신은 이 일을 얼마동안 하셨는데요?"
"오래했어. 한 40년 됐나?"
"오래하셨네요. 그럼 한 번 튀기는데 얼마씩이나 받습니까?"
"정해진 건 없어. 본인들이 직접 강냉이와 쌀을 가져와 3원 내는 사람도 있고, 5원 내는 사람도 있어."

사랑도 뜨거우면 저렇듯 뻥! 소리와 함께 꽃으로 피어나는 것일까? 흰 꽃으로 피어난 강냉이는 사랑의 파편 같기도 하고, 짧은 시간 동안 자신의 전부를 바친 눈물 같기도 했다.

이번에는 차도를 건너 할머니들을 찾아갔다. '조선이구朝鮮二區'라고 쓰인 아파트 입구에는 때수건, 소독약, 이쑤시개, 손톱깎이 등 생활용품 등속을 좌판에 펼쳐놓고 세 할머니가 도란도란 이야기꽃을 피우고 있었다.

"할머니, 이 아파트에는 몇 세대나 사나요?"
"세대? 그거이 뭐입매?"
"몇 집이나 사느냐고요?"

"기럼 첨부터 기렇게 물어야지, 와 알아듣지 못하게 지꾸리노. 궁금하믄 직접 들어가 보라. 마작하느라 정신들 없을 게야."

만주에서 마작은 장기만큼이나 흔한 일상이다. 서넛만 모였다 하면 장기를 두거나 마작을 한다.

"총각은 아닌 것 같고, 애는 몇이나 두었나?"

"하나요."

"하나면 너무 외롭지 않나? 조선 사내라면 셋은 낳아야지."

"요즘은 그렇게 많이 안 낳아요."

"기러니까 세상이 춥지. 크는 식솔이 많아야 집안이 따뜻하고 세상이 따뜻한 법이야."

나는 가슴이 철렁했다. 듣고 보니 할머니의 마지막 말에는 뼈가 있었다. 아이들을 낳지 않겠다고 할 때부터 세상은 추워졌던 것이다.

연변에는 북도치(이북)들이, 흑룡강에는 남도치(이남)들이 구역을 이뤄 산다는 할머니의 입에서 불쑥 '산조'라는 이름이 튀어나왔다. 불에 손을 댔을 때처럼 떠오른 사람은 목단강 출신 강룡권 선생이었다. 그 선생이 쓴 저서에 보면 김좌진의 두 번째 부인이 낳은 '김산조'에 대한 이야기가 있었다.

"할머니가 그 분을 어떻게 아시는데요?"

"싱겁기는. 산조가 목단강에서 살았는데 와 모르나. 한국 사람들이

목단강에서 189

낯설지 여기 사람들은 다 안다."
"그럼 할머니, 제가 오늘 멋진 저녁을 대접할 테니 산조 얘기 좀 들려주세요?"
"못할 거야 없지만, 나도 들은 얘기여서……."
걸어서 여행하다 보면 이 같은 일을 종종 만나게 된다. 그리고 그 이야기를 사고 싶을 때가 있다. 너무 귀한 이야기여서 맨입으로 듣고 싶지 않은 것이다. 오늘 만난 할머니가 바로 그런 경우다.
"장군(김좌진)이 팔로八老軍들 중에서는 제일 좌상인 정 노인(정해식) 집에서 지낼 때였나고 해. 팔로들은 서울에 사는 본부인(오숙근)을 모셔오려고 무진 애를 썼나본데, 오지는 않았어. 한날 팔로들이 급히 회의를 가진 것도 따지고 보면 그 본부인 때문이야. 한번 생각해 봐. 건장한 장군이 혼자 지내고 있으니 누군들 맘이 편했겠나. 그리고 그때만 해도 사내가 계집 둘 거느리고 사는 게 어디 흉이었남. 인물 훤하고 능력만 있음사 셋도 좋고 넷도 좋던 시절이잖아. 그런데도 장군이 새 여자는 싫다며 펄쩍 뛰더래."
한숨 돌리려는 듯 할머니가 담배를 피워 물었다. 서막에 불과했지만 할머니의 이야기는 강룡권 선생이 쓴 책의 내용과 별반 다르지 않았다. 순서가 고르지 못하고 시대적 배경이 미흡한 정도였다. 그럼에도 불구하고 마음이 동한 건 산조라는 한 여성의 이야기를 연배가 비슷한 할머니의 입을 통해 전해 듣는다는 점이었다. 책으로 읽었을 때와는 또 다른 느낌이었다.
참고로 백야는 두 번 결혼에, 세 여자가 있었다. 그 첫 번째 여자는 본부인 오숙근으로, 슬하에 남매를 두었으나 가정을 이루고 산 시간은 그렇게 길지 않았다. 아들은 낳은 지 얼마 되지 않아, 딸은 열여섯 살 되던 해에 사망하고 말았다. 서울에서 활동 중인 김좌진이 일경의 추격을 받던 중 잠시 기생집에 몸을 숨긴 것도 그 무렵이었다. 그는 그곳에서 아들을 잉태하게 되는데, 김좌진이 사망한 후 "모처에 서자가 있다"는 〈동아일보〉 보도로 밝혀진 김두환이다.

"내가 어디까지 하다 말았지?"

"팔로들이 장군을 불러 새 부인을 두라니까 펄쩍 뛰었다는 데까지요."

"그랬지, 참! 할 일이 태산 같은 장군이었으니 그럴 만도 했을 게야. 하지만 어쩔 거야. 본부인은 안 온다고 그러지, 장군은 홀아비로 늙어갈 판인데……. 열아홉 살 처자(김영숙)하고 혼인한 건 그 말 나오고 얼마 안 되었을 때야. 해림(시)에 신접살림을 차렸다는데 쯧쯧, 오래는 못 살았어. 장군의 부인이라는 것을 알고는 밤낮으로 노리는 놈들이 많았거든. 내가 그때 입장이었더라도 사지가 반은 오그라들었을 거야. 애초에 장군한테 시집간 게 잘못이었지 뭐. 해산달이 다 되도록 장군은 코빼기도 안 내비쳤거든. 쫓기던 중 산길에서 왜놈 끄나풀한테 피죽음을 당했는데……. 쯧쯧, 열아홉에 시집와서 스물에 죽었으니 얼마나 기막힌 인생이야. 그때 죽으면서 낳은 딸이 그 불쌍한 산조야."

방금 할머니가 들려준 대로 산조山鳥는 산에서 태어났다고 해서 붙여진 이름이다. 하지만 그의 삶은 천읍지애의 연속이었다. 딸에게 젖 한 번 못 물린 어머니가 죽고, 그로부터 3년 뒤에 아버지마저 세상을 뜬 것이다.

그럼 이번에는 산조가 살았을 적 그를 직접 인터뷰한 강룡권 선생의 녹취를 들어보자.

아버지(김좌진)마저 세상을 뜨자 나는 한족 집에서 나와 김기철 노인을 양부로 모시고 자랐습니다. 물론 한시도 마음을 놓을 수 없었습니다. 풀은 뿌리째 뽑아 없앤다는 옛말도 있듯이 아버지의 유일한 핏줄인 나를 원흉들이 가만 내버려두지 않았습니다. 해림에서는 이미 얼굴이 알려져 영안현 해남촌 싸호리로, 해방 뒤에는 흑룡강성으로 거처를 옮겨 다녔습니다. 그때 내 이름도 김순옥으로 바뀌었지요. 지금도 기억이 생생한 건 내 나이 아홉 살 때 일입니다. 소아마비 일종의 병에 걸려 사경을 헤매고 있을 때, 정해식 노인이 장춘, 할빈, 연해주, 일본에서 지내고 있는 동지들에게 내 소식을 알려 의연금을 모았습니다. 지금 내가 이렇게 살아 있는 것도 바로 그분들의 보살핌 덕이라고 할 수 있습니다.

광복 50주년 기념행사가 열리는 1995년 8월 15일, 그날 산조도 해외 독립유공자로 초청받아 한국을 방문했다. 그러나 산조의 기쁨은 곧 견딜 수 없는 슬픔으로 바뀌고 말았다. 초청을 한 주최 측에서 정작 아버지의 묘소에 참배를 못하게 한 것이다. 장군의 딸이 아닐 수도 있다는 게 그들의 설명이었다.

그때의 충격이 너무 컸던 것일까. 중국으로 다시 돌아온 산조는 외부와 일체 연통을 끊은 채 무덤처럼 지냈다고 한다. 목단강을 떠나기에 앞서 장군의 딸이 즐겨 부른 〈나그네 설움〉을 읊조려 본다.

    하늘을 집을 삼아 떠도는 신세
    동서남북 찬바람에 갈 곳이 없어
    찬이슬 잔디 우에 쓰러져 울면
    어머님의 옛사랑 다시 그립다

비 오고 바람 부는 들창 밑에서
팔베개로 꿈을 꾸는 정든 동무야
운다고 궂은비가 아니 올쏘냐
귀뚜라미 울지 말라 희망이 온다

광활한 만주 벌판

목단강에서 김좌진의 기념관이 있는 산시까지는 도보로 다섯 시간. 오늘은 다른 날보다 더 일찍 숙소를 나섰다.

목단강 시가지를 벗어나자 또 다른 세상이 펼쳐졌다. 그동안 봐온 것들이 단편을 모은 소설집이었다면 눈앞에 펼쳐진 풍광은 대하소설의 첫 장을 넘기는, 바로 그 설렘이었다. 해가 떠오를 무렵 나는 〈광야에서〉를 목 놓아 불렀다.

해 뜨는 동해에서 해 지는 서해까지
뜨거운 남도에서 광활한 만주 벌판
우리 어찌 가난하리요 우리 어찌 주저하리요
다시 서는 저 들판에서 움켜쥔 뜨거운 흙이여

  도문에서 룡정으로 이어지는 길도 예외는 아니지만 나는 만주의 이 길을 가장 아낀다. 광활하게 펼쳐진 이 무대야말로 〈광야에서〉를 목 놓아 부르기에 가장 적합한 장소라고 할까. 이 길을 걸으면서 나는 자유를 느꼈고, 온몸으로 평화를 느꼈었다. 어떤 날은 피움음을 들은 적도 있었다.
  만주를 배경으로 한 노래들을 부르며 또 얼마를 걸었을까. 네 발 달린 짐승들의 거침없는 질주는 경마장을 비웃는 듯했다. 마른풀을 뜯던 중 한 녀석이 뛰기 시작하면 다른 녀석들도 덩달아 질주를 했는데, 이는 겨울에만 볼 수 있는 만주의 진풍경이기도 하다. 아, 장애물 하나 없는 벌판을 미친 듯이 내달리는 저 황홀한 장면을 어디에서 또 본단 말이냐! 나는 지금껏 저토록 거대한 자막과 생생한 돌비시스템을 본 적이 없다.
  마을과 마을 간의 간격이 까마득히 먼 것도 실은 그 때문이다. 조금 전 마을을 지나올 때만 해도 나는 머잖아 곧 다른 마을이 나타날 거라고 지레짐작했으나 그건 오산이었다. 벌써 한 시간 가까이 걸었는데도 인가는 오리무중이었다. 짐승들이 날뛰자 이번에는 북만주 특유의 칼바람이 회오리쳤다.
  목단강을 떠나 세 번째 마을에 도착한 건 정오가 다 되어서였다. 십여 호 되는 동구 첫 집에서 할머니를 발견한 나는 "칭 게이 워 쩌거

차이(따듯한 물을 얻을 수 없겠느냐?)"하고 여쭤보았다. 어쭙잖은 중국어 발음 탓이었을까. 할머니는 대뜸 방문을 활짝 열더니 안으로 들어오라는 손짓을 했다.

잠시 후, 팔순의 노모가 밥상을 차려왔다. 조죽과 만터우(중국 북방 사람들이 즐겨 먹는 속이 없는 만두), 따뜻한 물 한 잔이 전부였지만 가난한 여행자에게는 가나안의 꿀과 같았다. 따끈따끈한 구들도 예외일 수 없었다. 아이스크림이 녹듯 사르르 언 몸이 녹아내렸다. 할머니는 한국에서 왔다는 이방인이 식사를 다 마치도록 곁에 앉아 계셨는데, 단아한 키에 이마에는 밭고랑이 깊었다. 그 어떤 판화가도 저 주름만큼은 새겨 넣지 못할 것 같았다.

단숨에 비운 밥상을 물릴 때였다. 내올 게 더 남았다는 표정으로 자리에서 일어난 할머니는 시커멓게 그을린 주전자를 들고 나타났다. 슬슬 장난기가 동한 나는 죽을 담았던 그릇을 들어 보였다. 영문을 모른 채 웃고만 계시던 할머니의 표정이 일순간 찌그러진 건 내가 내민 커피를 한 모금 마시고서였다. 쓰다는 표현 대신 할머니는 손사래를 쳤다.

한 잔의 커피로 인해 나도 웃고 할머니도 웃은, 그 즐거운 한때를 뒤로하고 초막을 나올 때였다. 한국을 떠나올 적에 선물로 준비한 수건을 한 장 건넸으나 할머니는 한사코 마다하셨다. 마을 어귀까지 따라 나오며 손 흔들 채비부터 하셨다. 그러고 보니 어머니를 꼭 닮으셨다. 달포 전에 찾아뵌 어머니도 그러셨던 것이다. 몇 푼 안 되는 용돈을 손에 쥐어드리자 한사코 마다하시며 어여 가라고, 당산 어귀까지 나오셔서 손을 흔들어주셨다.

나귀수레와 마주친 건 해림을 막 지나서였다. 흑갈색 나귀 두 마리가 나란히 앞장을 서고 그 뒤에 주인이 타고 있었다. 정작 나로서는 아쉬움이 컸다. 나는 해림을 지나 산시로 향하는 중이고, 나귀수레는 산시에서 해림으로 향하는 엇갈린 만남이있다. 아마 방향만 같았더라도 「메밀꽃 필 무렵」의 허생원을 쏙 빼닮은 그 주인장에게 동행을 간청했을 것이다. 투전을 하느라 사흘 만에 탈탈 털려 나귀까지 팔아야 할 지경에 이른 허생원의 이야기는 얼마나 감칠 나고 씁쓸하던가.

누가 백야를 쏘았나

흑룡강성 해림시 산시진 동강촌은 백야 김좌진이 마지막 숨을 거둔 곳이다. 청산리전투에서 승리한 백야는 경신년 학살을 피해 잠시 소련으로 몸을 피했으나, 홍범도와 성향이 달랐던 그는 그곳에서 계급노선을 감내하지 못하고 동강촌으로 오게 되었다.

오후 2시경 산시에 도착했으나 기념관 문은 굳게 잠겨 있었다. 인근 가게로 들어간 나는 주인장을 앞세웠다. 다행히 산시는 1970년대의 읍 풍경을 고스란히 간직하고 있었다. 기와집보다 초가가 더 많은 진鎭은 초가와 초가 사이에 고샅들이 정답게 누워 있었다. 그 길을 따라 앞서던 가게 주인이 허름한 병원 건물 앞에서 걸음을 멈추었다.

면소재지 보건소를 떠올리게 하는 건물 안으로 들어서자 여의사는 대뜸 한국인이냐고 물었다. 그러고는 어디론가 급히 전화를 걸었다. 그녀의 어머니가 나타난 건 10여 분 지나서였다. 그러나 고마운 마음도 잠깐, 기념관에 도착한 나는 그 어머니와 언성부터 높였다.

"이곳도 관람료가 있나요?"

"50원 내시오."

터무니없는 그녀의 베팅에 나는 한 발짝 물러섰다.

"좋소. 50위안을 줄 테니 대신 관람표를 주시오."

"……."

정곡을 찌른 것일까. 내 일침에 여자는 입을 꼭 다물었다. 50위안에서 30위안으로, 다시 20위안만 달라며 치근댔지만 일체 대꾸하지 않았다. 똑같은 담배의 가격이 가게마다 다른 건 받아들일 수 있어도 조선 독립군의 유적지를 상대로 장난을 치는 행태만큼은 도저히 묵과할 수 없었다.

내가 내민 10위안 권 지폐를 만지작거리던 그녀가 퉁퉁 부은 주둥이로 문을 땄다. 순간 기념관 안이 한눈에 들어왔다. 가장 먼저 시야에 들어온 건 마당 한가운데 서 있는 백야 김좌진의 흉상이었다. 그 왼편에 팔로들의 회의실과 백야의 처소가, 흉상 뒤편에는 백야가 최후를 맞은 정미소가 모습을 드러냈다.

항일운동에만 투신하다 산시에서 숨을 거둔 백야는 만주 전역이 그의 전지라고 할 만큼 활동 폭이 남달랐다. 그것은 『손자병법』, 『육도삼략』 등 그가 탐독한 병서의 도움이 컸다. 뿐만 아니라 그는 정해식, 리달분, 리덕수, 김기철, 장기덕 등 팔로들이 그의 생전사후를 도맡았을 정도로 남녀노소 모두에게 총애를 받았다.

 1930년 1월 29일, 음력 설 대목을 코앞에 둔 도남촌(당시 방앗간이 있던 주소)은 여느 때와 달리 분주했다. 비록 유민으로 전락하고 말았지만 조상을 섬기려는 조선인들의 마음만큼은 한결 같았다. 마음 바쁜 그 무렵, 정미소에 예기치 못한 일이 발생했다. 며칠 전까지만 해도 잘 돌아가던 정미기가 설 대목을 앞두고 그만 작동을 멈춘 것이다.

 그러기를 벌써 사흘째. 이역만리에서 설을 맞는 동포들의 심정을 누구보다 잘 알고 있는 백야는 입술이 바삭바삭 타들어갔다. 그날 밤에도 그는 고장 난 정미기와 씨름하다 꾸뻑 잠이 들고 말았는데, 눈을 떴을 땐 희붐히 날이 밝아오고 있었다. 자리를 털고 일어난 그는 밥부터 챙겼다. 먹어야 기운을 차릴 것 같았다.

 밥상을 받은 백야가 첫술을 뜨려던 참이었다. 무슨 일인지 숟가락이 뚝 부러지고 말았다. 순간, 백야의 뇌리에 불길한 생각이 스쳐갔다. 하지만 그는 애써 고개를 내저으며 다시 밥술을 뜨기 시작했다. 바로 그때, 방앗간에서 사흘째 꼼짝 않던 정미기 돌아가는 소리가 들렸다. 깜짝 놀란 백야는 밥술을 뜨다 말고 한걸음에 방앗간으로 달려갔다. 그 찰나! 두 발의 총성이 허공을 갈랐다.

 백야가 떠난 지 80년이 다 되도록 석연치 않은 부분은 바로 이 점이다. 그러니까 백야를 누가 쏘았느냐 하는 것인데, 기록들은 여전히 분분하다. 한쪽에서는 고려공산당 소속의 박상실을 진범으로 내세우는가 하면 다른 한쪽에서는 같은 소속의 김인관을 지목하고 있는 것이다. 그러나 곰곰이 생각해 보면 박상실과 김인관은 동일인물일 가능성이 높다. 조국을 되찾겠노라는 뜻은 같았을지라도, 그 뜻에 이념이 비집고 들어오면 동지가 적으로 돌변하는 일이 비일비재했던 것이다. 또 당시는 가명을 쓰는 일이 그렇게 어려운 일도 아니었다.

1930년 1월 29일, 백야가 숨을 거두었을 때다. 그를 안장하고 돌아온 팔로들은 한시도 긴장을 늦출 수 없었다. 같은 동족에게 피살된 터라 그의 시신을 파헤쳐 갈 확률이 그 어느 때보다 높았다. 24시간을 교대로 묘소를 지켜온 팔로들이 한시름 놓은 건 그로부터 꼬박 1년이 지나서였다. 남편의 유해를 모셔 가기 위해 산시에 도착한 오숙근을 본 팔로들은 무릇 감회가 새로웠다. 얼마나 애타게 기다려온 백야의 본부인인가.

  백야의 유해는 다음날 하얼빈–심양–안동(단동)을 거쳐 신의주로 돌아갔다.

장춘에 가다

차편이 여의치 않으면 해림에서 하룻밤을 묵은 뒤 다음날 장춘으로 넘어갈 예정이었다. 그런데 마침 목단강으로 나가는 빈 택시가 있었다. 20위안이면 택시 요금도 파격적이었다.

목단강역에 도착하면 어디로 갈 거냐고 물어 장춘이라고 대답하자 택시 기사는 시간을 확인한 뒤 속도를 높였다. 그러니까 그는 내가 오늘 중으로 장춘에 가는 줄 아는 모양이었다. 나는 잠시, 그게 아니라고 말할까 하다 그만두었다. 그의 손에 맡겨보는 것도 나쁘지만은 않을 거라는 생각에서였다. 살다보면 아닌 척, 안 그런 척 능청을 떨고 싶을 때도 있는 것이다.

열차가 떠나고 돌아오는 시각을 누구보다 잘 알고 있는 택시 기사의 판단은 옳았다. 목단강역에 도착하자 오후 4시 30분에 장춘으로 떠나는 기차가 있었다.

길림성의 성도 장춘

　흑룡강성 목단강에서 길림성 장춘까지는 생각보다 먼 거리였다. 어제 오후에 출발한 기차는 다음날 오전 8시가 다 돼서야 장춘에 도착했다.
　한때 신경新京으로 불렸던 장춘長春은 독립군들이 활동했던 무대는 아니다. 박정희가 다녔던 옛 신경군관학교 정도가 우리의 기억에 남아 있다. 그러나 중국인들에게 장춘은 통한의 도시라고 할 수 있다. 대한제국의 고종처럼 중국의 마지막 황제 부위가 영욕의 세월을 보냈던 곳이 바로 장춘이다.
　1932년 3월 1일 일제는 장춘에 친일협력자들과 더불어 만주국을 세웠다. 부위를 꼭두각시로 앉힌 뒤 영토를 확장하려는 일종의 계책이었다. 그러니까 일제는 장춘을 기점으로 대륙을 삼키려는 야욕을 품고 있었다. 많은 중국인들이 만주국 앞에 '위僞'를 붙여 위만주국, 즉 만주가 가짜임을 강조하는 것도 바로 그 때문이다.
　그럼에도 불구하고 실로 납득하기 어려운 점은 중국의 일제 잔재 청산이 영 시원치 않다는 것이다. 비슷한 시기에 굴욕을 겪은 한국은 청산 쪽으로 가고 있는 반면 우리보다 더 일본을 향해 게거품을 뿜는 중국은 정작 그 잔재들을 보존하는 인상을 풍긴다고 할까. 특히 이 점은 만주국이 들어섰던 장춘을 주목하지 않을 수 없다. 지금 내가 찾아가고 있는 옛 일본 관동군 사령부가 바로 그 예증인 까닭이다.
　장춘역에서 옛 일본 관동군 사령부까지는 1km. 그 길을 걸으면서 나는 몇 차례 전해들은 입소문의 진의를 곰곰이 되씹어 보았다. 옛 관동군 사령부에서 장춘역까지 지하통로가 뚫려 있다고 했던 것이다. 그것도 탱크가 다닐 수 있는. 사실 이 소리를 처음 들었을 적만해도 나는 긴가민가했었다. 지하 1km면 결코 짧은 거리는 아니었던 것이다. 마음을 고쳐먹은 건 그 현장인 만주를 싸돌아다니고부터였다. 일제라면 충분히 그러고도 남을 거라는 생각이 들었다. 진입로가 있는 곳에는 반드시 도주를 염두에 둔 퇴로가 있었다.

장춘역에서 인민대로를 따라 걷는 중이었다. 제법 낯이 익은 건물 한 채가 눈에 들어왔다. 오사카성城? 그러고 보니 공산당 길림성 위원회가 들어선 옛 관동군 사령부 건물은 예전 일본을 드나들면서 본 오사카성의 축소판이었다. 경비는 삼엄했다. 정문을 지키고 있는 군인에게 안으로 좀 들어갈 수 없느냐고 운을 떼기 바쁘게 그는 면상부터 찌푸렸다. 더욱 화가 나는 건 사진촬영마저 제지를 당했다는 것이다. 밖에서 맞은 뺨 집에 들어와 화풀이한다고 내가 꼭 그 짝이었다. 이번에도 나는 당기고 싶어도 당길 수 없는 카메라한테 분풀이를 하고 있었다.

왼쪽 길 건너에 있는 옛 관동군 헌병대 본부도 사정은 마찬가지였다. 마음 같아서는 조선의 독립군들을 가두고 고문하고, 끝내는 처형한 그곳의 지하 감방을 눈으로 직접 보고 싶었으나 그만 발길을 돌려야 했다. 어디를

옛 관동군 사령부(현 공산당 길림성 위원회)

가나 일본의 잔재가 남아 있는 곳은 의외로 경비가 철통이었다.

이곳 장춘은 도시의 역사가 그렇게 길지 않다. 1954년 9월에 길림시에서 장춘시로 성도를 옮겼는데, 다른 도시에 비하면 도약이 매우 빠른 편이다.

장춘에서 만난 노먼 베쑨

곤하게 한숨 자고 일어났더니 몸에 날개를 단 듯했다. 낮밥을 챙긴 뒤 민박집을 나온 나는 정류장에서 길림의과대학으로 가는 버스를 기다렸다. 민박집 주인은 기본요금에서 조금 더 나올 거라며 택시를 권했으나 귀담아듣지는 않았다. 날씨만 춥지 않다면 자전거를 빌려 마음 내키는 대로 쏘다니고 싶었다.

민박집 주인의 말대로 길림의과대학 주변(옛 만주국 국무원)을 조금 헤매기는 했지만, 노먼 베쑨의 동상을 발견한 기쁨은 그 배였다. 아쉬운 점이 있다면 베쑨의 동상이 서 있는 그 뒤 배경이었다. 이곳 역시 옛 만주국 국무원이 있던 곳으로, 베쑨의 동상 뒤에 그 잔재가 떡하니 버티고 있었다.

캐나다 출신의 의사가 한국에 알려진 건 2001년 6월이었다. 실천문학에서 발간한 역사 인물 찾기 시리즈 첫째 권 『닥터 노먼 베쑨』은 내게도 적잖은 감동과 공감을 불러일으켰다. 슈바이처, 뒤낭, 마더

테레사, 다미안 신부를 넘어선 그는 세계 보건의료의 새로운 지평을 연 인물이었다. 지금도 기억이 생생한 건, 베쑨이 자신의 고국을 떠나 중·일전쟁이 한창인 전장으로 향하는 여객선에서 전 부인에게 보낸 작별의 편지다.

"부인, 나는 살인과 부패가 만연한 이 세상에서 그 모순들을 묵과할 수 없으며, 우리가 태만한 탓에 탐욕스러운 자들이 전쟁을 일으켜 무구한 이들이 살육당하는 것 역시 도저히 두고 볼 수 없다오."

긴 항해를 마치고 도착한 곳은 일본군의 남진을 막기 위해 모택동이 이끄는 팔로군 군사기지였다. 베쑨은 그곳에서 자신의 수면 시간을 제외한 전부를 부상병들에게 바쳤다. 그런 그가 하루는 몹시 분개해 있었다. 일본군에 맞서 모택동과 손잡고 싸운 장개석(국민당) 군의관들의 행티 때문이었다. 국민당 군의관들은 자기 부대의 부상자들만 골라서 치료를 했는데 이를 본 베쑨은 땅을 치고 싶은 심정이었다.

파란 눈의 그 서양인을 중국인들은 '백구은白求恩(우리를 구해준 백인 은인)'이라 불렀다던가. 그 높이를 가늠할 수 없는 동상 앞에 선 나는 중국 혁명 1세대들이 왜 그토록 그를 거룩한 선구자로 불렀는지에 대해 잠시 생각해 보았다. 사실 베쑨이 중국에 머문 시간(1938~1939년)에 비해 그를 향한 찬사는 차고 넘쳤던 것이다.

공산주의 사상을 가진 노먼 베쑨은 무엇보다 인류의 삶을 옥죄는 파시즘과 제국주의에 대해 매우 비판적이었다. 스페인 내전 때도 그는 민주주의를 위해 싸우는 시민들을 위해 발 벗고 나선 적이 있는데, 그렇듯 그는 의사로서 환자만 보지는 않았다. 그 사회의 구조적 모순을 먼저 보려했고, 환자를 뛰어넘어 병든 사회에 메스를 가한 것도 그런 이유에서였다.

그런 점에서 손문의 부인 송경래의 통찰력은 남다른 데가 있었다. 1939년 맨손으로 수술을 하다 벤 상처가 덧나 49세의 베쑨이 패혈증으로 사망하자, 그는 다음과 같은 말을 남긴 것이다.

"중국 근대사에 네 명의 위대한 인물이 있는데 애드가 스노우, 모택동, 주은래, 그리고 세계 2차 대전 당시 중국인 병사들의 목숨을 구하기 위해 자신을 희생한 캐나다 의사 노먼 베쑨 박사다."

마지막 황제 부위

겨울 고궁은 을씨년스러울 만큼 한산했다. 그러나 위황궁 입장료는 큰 호흡이 필요했다. 하루 세끼 먹여주고 재워주는 민박 요금보다 30위안이 더 비싼, 90위안이었다. 장춘에 살면서도 입장료가 너무 비싸 위황궁을 가보지 못했다는 이곳 사람들의 푸념을 그제야 알 것

같았다.

　1987년 아카데미상 9개 부문을 석권한 『마지막 황제』는 소련군의 감시 속에 중국인 전범들이 자신의 조국으로 돌아가는 장면에서 막이 오른다. 중국의 마지막 황제 부위도 그 무리 속에 있었다. 그는 아무도 없는 역사驛舍로 들어가 자살을 기도하는데, 부위의 고단한 인생 여정은 거기서부터 펼쳐진다.

　1908년, 3세의 나이로 황제에 등극한 부위는 영국인 가정교사를 통해 세계의 흐름을 익히고, 결혼도 했다. 1912년 새로운 세상을 알리는 신해혁명으로 자금성에서 추방당한 그는 텐진天津의 일본 조세에서 기거하다, 1932년 일본이 세운 만주국의 황제로 즉위하는데, 그곳이 바로 장춘의 위황궁이다.

　실로 안타까운 점은 부위의 한 템포 늦은 자각이다. 황족의 시대가 가고 붉은 깃발의 시대가 도래했는데도 그는 그 세상을 받아들이려 하지 않았다. 좋게 말하면 어리석기 짝이 없고 나쁘게 말하면 식솔들 굶어죽이기 십상인 무능한 황제였다고 할까. 고작 그가 용기를 내어 한 말이라고는 "만주국은 식민지가 아니다. 만주국일 뿐이다." 그러나 세상은 이미 바뀌어 있었다.

　"물망구일팔勿忘九一八"

　강택민은 누구더러 보라고 이 다섯 자를 새긴 것일까. 자국인을 위하여? 아니면 황제 부위를 위하여? 위황궁에 새긴 "(일본에게 침공당한) 9월 18일을 잊지 말자"를 한 자, 한 자 눈으로 찍어서 읽던 나는 황제의 아내들이 궁금했다. 건물 동편에 있는 황후와 그 첩들의 거처가 잘 보여주고 있듯이 한 여인은 아편중독자로, 다른 여인은 자살기도로, 또 다른 여인은 이혼소송으로 황제와 애증의 강을 오갔던 것이다.
 다시는 올 일이 없을 것 같은 위황궁을 둘러보고 나오는 길이었다. 늦지 않았다면 나는 중국의 마지막 황제 부위에게 이 말을 들려주고 싶었다.
 '혁명은 전복을 의미하지만 새로운 피의 시작이다.'

집안에서

배낭에는 세 장의 지도가 들어 있다. 한·중 전도와 중국 전역을 한 권에 담은 지도책이다. 장춘에서 집안集安으로 떠나는 버스에 오른 나는 6시간(453km) 뒤에 닿을 그 거리의 이정표를 먼저 점검했다. 이통伊通―관성자菅城子―매하구梅河口―통화通化로 이어지는 길림성의 남쪽 끝에 자리한 집안은 이북 만포와 이웃하고 있었다.

도심을 빠져나온 버스는 장춘시를 끼고 흐르는 이통강을 지나 관성자로 접어들고 있었다. 차창 밖으로 보이는 지평선이 천릿길처럼 아득했다. 혹자는 장춘에서 하얼빈으로 이어지는 그 벌이 만주에서 가장 너르다고 했으나 내가 보기에는 지금 차창 밖으로 펼쳐진 벌이 더 널러 보였다. 버스에서 내려 지평선 끝에 닿으려면 족히 2시간은 걸릴 듯했다.

버스가 매화구에 정거하자 오너가 바뀌었다. 만주여행 도중 흔히 보았던 장면으로, 장거리를 뛰는 버스는 이처럼 기사와 안내양이 따로 없다. 번갈아 운전대를 잡고 눈을 붙인다.

두만강에서 압록강으로

점심 무렵에 집안에 도착한 나는 식당을 나와 압록강으로 향했다. 앞으로 이틀 뒤면 닿을 단동은 요녕성에 속한 터라 방금 도착한 집안이 연변조선족자치주의 그 끝자락이라고 할 수 있다. 그러니까 나는 한국을 떠나온 지 20일 만에 두만강에서 압록강으로 흘러온 셈이었다.

두만강과 압록강은 무엇이 다를까. 두만이 애환의 강이라면 압록은 서사의 강? 병중에 있는 두만강에 비해 압록강은 옛 기세가 아직 살아 있었다. 자존심을 잃지 않으려는 듯 간간이 도도한 모습을 드러내기도 했다.

강변을 거닐던 나는 강 건너편으로 시선을 옮겼다. 산이 있는 곳이면 층을 쌓듯 개간한 다락밭들이 즐비해 애써 누군가 설명하지 않아도 산 너머의 처지를 짐작할 수 있었다. 아니 저 다락밭들이 페루의 마추픽추였으면 좋겠다는, 엉뚱한 생각을 불러일으키기도 했다.

터널에 갇혀 사는 사람마냥 나는 분단을 떠올리지 않을 수 없었다. 길이로 보면 압록(790km)이 맏형이고 두만(610km)이가 둘째이나, 그 어미는 백두인 것이다. 하지만 해방 이후 우리는 내전의 소모가 너무 컸다. 제 밥그릇 챙기느라 멱살잡이하기 일쑤였다. 뿐만 아니라, 우리는 저짓이 우리의 깃이라고 목청만 높였을 뿐 짐작 고층으로 들어가면 하나같이 입을 다물어 버렸다. 나는 압록과 두만에게 그 점이 미안했다. 중국은 벌써 고구려의 유적을 세계문화유산에 등재시키기 위해 2003년부터 이곳 집안에 들어오는 모든 내외국인을 통제한 뒤 대대적으로 도시 꾸미기 작업에 열을 올리고 있는 것이다.

강을 타고 거슬러 오르자 섬이 하나 보였다. 벌목꾼들이 휴식을 취한다는 뜻의 벌목도伐木島였다. 압록강 안에는 단동의 위화도를 비롯해 205개의 크고 작은 섬들이 있으나 수면 위에 제 모습을 드러낸 섬은 40여 개로, 벌목도도 그중 하나다. 풍문에 의하면 이북이 백두산의 반을 내놓을 때 저 섬을 요구했다는 소리도 있고, 너무 큰 선물을 받은 중국 쪽에서 그냥 주었다는 말도 있으나 나는 다만 소문이 씨가 되었더라는 속담을 가늠해볼 따름이다.

착잡한 심경 때문이었을까. 압록강을 거슬러 오르는데 자꾸만 어깨에 멘 배낭이 밑으로 쳐졌다. 길을 바꿔 숙소로 향하던 나는 기분전환용으로 〈독립군가〉를 꺼내들었다.

압록강과 두만강을 뛰어 건너라
악독한 원수무리 쓸어 몰아라
잃었던 조국강산 회복하는 날 만세를 불러보세
나가 나가 싸우러 나가 나가 나가 싸우러 나가
독립문의 자유종이 울릴 때까지 싸우러 나가세

장군총에서 환도산성까지

메뚜기도 유월이 한철이라고, 집안의 조선족들도 여름방학과 휴가를 이용해 찾아오는 한국인을 상대로 겨우 생계를 꾸려간다고 했다. 하지만 지금은 겨울, 성수기에 비해 절반 이상 떨어진 숙박비만큼이나 호텔은 썰렁했다.

역에서 멀지 않은 숙소에 여장을 풀고 밖으로 나오자 장군총이 눈에 들어왔다. 옛 고구려의 기상을 뽐내듯 장군총은 집안에서 가장 우러러보이는 곳에 자리를 잡고 있었다. 국사시간에도 배웠듯이 집안은 지금으로부터 1600년 전 고구려의 정치·경제·문화의 중심지였던 곳이다. 소수림왕의 뒤를 이어 권좌에 오른 광개토왕은 큰아버지가 다져놓은 내실을 기반으로 고구려를 밖으로 확장시키는 공을 세웠던 것인데, 우리는 그것을 땅따먹기 전쟁 내지는 정벌이라고 한다.

이미 그의 이름에서 드러난 것처럼 '광개토廣開土(본명은 담덕)'는 사방 그의 말발굽이 미치지 않은 곳이 없을 정도로 종횡무진이었다. 17세에 왕위에 올라 49세에 숨을 거두기까지 그가 접수한 영토만도 성 64개에 촌락만도 1400여 곳이나 되었다.

전쟁을 찬양하고 그 영웅들을 칭송함이 썩 달가운 일은 아니나, 미리 밝혀둘 것은 집안은 장군총―광개토왕비―능―국내성―환도산성으로 이어지는 길이 산책삼아 돌아보기에 맞춤하다는 것이다. 시간도 반나절이면 충분하다.

한국이나 중국이나 표票는 표로 발음되는 그 표를 끊어 장군총에 올랐을 때다. 시市라기보다 한적한 마을 같은 집안이 한눈에 들어왔다. 왼편으로는 조금 전 거닐었던 압록강이 흐르고, 가운데는 집안 도심이, 그리고 오른편에는 환도산성이 자리를 잡았다. 풍수를 전혀 모르는 내 눈으로 보아도 이만한 명당이 또 있을까 싶었다. 관람객이라고는 나 한사람뿐이어서 통째로 세를 낸 기분이었다.

장군총은 돌무덤이다. 그리고 굉장히 높고 너르다. 높이 12.4m에, 각 변의 길이만도 31.58m나 된다. 계단식 피라미드형 7층 무덤을 올려다보면서 나는 "피라미드는 죽음의 공간일 뿐 최후의 공간은 아니다"라는 말을 되새겨보았다. 무슨 뜻일까, 무덤은 그냥  무덤일 뿐이다? 잠시 후, 나는 장군총이 누구의 무덤(광개토왕과 장수왕의 무덤으로 추측하고 있다)일까를 떠나 저 무덤을 쌓기 위해 동원되었을 석공과 노동자들을 떠올렸다. 이집트의 피라미드를 쌓느라 2만여 명의 노동자가 동원되었고, 20년만에야 그 불가사의가 완성되었다고 했다. 아, 그제야 알 것 같았다, 피라미드는 최후의 공간이 아니라 죽음의 공간일 뿐이라는 그 뜻을. 그것은, 무덤은 높고 낮음이 없다는 뜻이었다.

잠시나마 내 발길이 오래 머물렀던 곳은 무덤 오른쪽에 쭈그리고 앉은 작은 석묘石墓였다. 고인돌을 닮은 석묘는 한때 돌보는 이가 있었으나 그가 세상을 뜨면서 버려진, 그런 여자의 모습을 하고 있었다. 안쓰럽다는 말 대신에 꼭 안아주고 싶은 묘였다. 남자의 등 뒤에서 차마 소리 내어 울지 못하고 그 울음 삼키는, 뭇 여자들의 일생 때문이었다.

지금까지 남아 있는 고구려의 고분 중에서 그 규모가 가장 크고 완벽한 형태로 남아 있는 장군총에서 내려오자 이번에는 맏아들 장수

집안에서 217

왕이 아버지의 업적을 기리기 위해 세운 광개토왕비가 그 모습을 드러냈다. 이 비는 414년에 세운 것으로 높이 6.39m, 면의 너비 1.5m, 그리고 네 면에 걸쳐 1775자가 화강암에 예서로 새겨져 있다. 단재 신채호는 김부식이 쓴 『삼국사기』를 백 번 읽는 것보다 광개토왕비를 직접 한 번 보는 것이 더 낫다고 했던가. 애석하게도 비문은 전체의 뜻을 파악하기 어려울 정도로 마모되어 있었다.

비문에는 희미하게나마 '국강상광개토경평안호태왕國岡上廣開土境平安好太王'이라는 12글자가 새겨 있었는데, 이는 태왕의 정식 명칭으로 흔히들 그 약칭인 광개토대왕 또는 호태왕이라 부르기도 한다. 30위안짜리 참관표에도 '호태왕비好太王碑'로 인쇄되어 있었다.

두 곳을 둘러본 뒤 그 또한 누구의 무덤인지 확실치 않은 태왕릉(입장권에 그렇게 표기되어 있었다)으로 향할 때였다. 장군총을 먼저 본 탓인지 가슴 한 켠이 아렸다. 장군총에 비해 태왕릉은 형편없이 망가져 있었다. 남의 땅에 이나마 보존되어 있는 것만으로도 한량없이 고마운 일이긴 하나 그러기에는 북벌대왕 묘가 너무 초라했다. 태왕릉 역시 장군총처럼 묘실의 석관은 보이지 않았다.

얼마 전까지만 해도 과수원이었다는 그곳에서 내려와 국내성으로 향하는 길이었다. 압록을 흐르는 강물을 따라 걷던 나는 연암 박지원이 그리웠다. 『열하일기』에 보면 압록강을 건너온 그가 집안을 둘러보며 정말 무심하게 "고구려시대에 이곳에 도읍한 일이 있었다"며 운을 뗀 뒤 집안을 가리켜 "버려진 땅이 된 지 벌써 100여 년이 지나 쓸쓸하고 산 높고 물 맑은 것만 들어올 뿐"이라고 전했던 것이다. 내 심사가 바로 그의 심사였다. 이미 아파트가 들어선 고구려의 국내성도 누군가 그곳을 알려주지 않는다면 그냥 스쳐지나갈 정도로 밋밋했다. 2686m의 국내성을 어디에서 찾아야 할지 막연할 따름이었다. 어떤 유행가의 가사처럼 이미 성벽은 무너지고 무너진 그 자리는 폐허만 짙었다.

일하던 농부들이 연장을 들고 나가 싸웠다는 환도산성도 예외는 아니었다. 귓전을 맴도는 건 농부들이 연장을 들고 나가 싸울 때 백성의 녹을 먹고 일하던 놈들은 벌써 돈 되는 것들을 챙겨 줄행랑하기에 바빴다는 대목이었다. 어디 그뿐이랴. 당나라에 끌려간 고구려 포로만도 20만이 넘었다. 모두 힘 없는 백성들이었다. 그나마 위안이 되었던 건 숙소로 돌아오던 길에 구경거리로 삼은 두부장사꾼이었다. 서녘에 해만 남아 있다면 어림잡아 그 길이가 넉 자尺는 됨직한 두부를 리어카에 놓고 파는 그 아주머니와 밤새 이야기를 나누고 싶었다.

두부 이야기가 나왔으니 하는 말이지만 중국 두부는 두 손을 공손히 받쳐야 한 모를 받을 수 있다. 그리고 오전 6시경 생경한 목소리 때문에 잠을 깬다는 것이다. 처음엔 "뜨으으 후", 그 뒤에 들려오는 목소리는 "드으 후"인데, 그때마다 나는 잠에서 깬 이부자리 속에서 목소리 알아맞히기 게임을 하곤 했었다. 방금 "뜨으으 후"라고 외친 저이는 생의 반세기를 지나온 사람이 분명했고, 뒤이어 "드으 후"라고 외친 이는 아직 장가를 안 든 청년 같았던 것이다.

조선족소학교

집안시의 현재 인구는 약 20만 명으로, 그중 조선족은 1만 5000여 명에 이른다. 그러나 이 수치는 매해 들쭉날쭉하다. 한 해에 무려 3000여 명의 조선족이 해외로 나간 적도 있었다. 중국 정부로부터 연변조선족자치주의 해체가 입에 오르내리는 것도 이와 무관하지 않다. 한·중 수교 이후 한국에 거주하는 조선족만도 현재 17만여 명에 달한다.

> 아내도 갔다 남편도 갔다 삼촌도 갔다 모두 다 갔다
> 한국에 갔다 일본에 갔다 미국에 갔다 러시아로 갔다
> 잘 살아보겠다고 모두 다 갔다

노래방 애창곡 1위 자리를 내놓지 않고 있는 〈산다는 게 뭐길래〉가 잘 보여주고 있듯이 조선족자치주의 학교 현황도 암담하기는 마찬가지였다. 단동으로 떠나기 전 들른 조선족학교 장혁문 씨에 따르면 현재 남아 있는 학교는 1957년에 개교한 집안조선족학교가 유일하다고 했다.

"잘 나가던 시절에는 집안에만 25개 학교가 있었습니다. 그 많던 학교들이 지금은 유일하게 우리 학교만 남았습니다."

이야기를 더 들어보니 학생과 교사 간의 마찰 또한 모르쇠할 일이 아닌 듯했다. 교사들은 조선어로 수업하고 싶지만 학생들은 중국어로 수업받기를 원했다. 물론 학생들만 탓할 수도 없다. 그 뿌리인 부모들이 흔들리고 있는 작금에 비춰본다면 아이들의 요구는 당연한 것인지도 몰랐다.

실례를 무릅쓰고 수업 중인 교실로 들어가 보았다. 소학생들은 영상으로 수업하고 있었다.

'1년 지계는 봄에 있습니다. 속씨식물의 일생을 보면 첫 번째로 종자 싹트기가 있는데, 감자의 눈이 있는 부위를 토막 내어 심으면 감자가 눈을 뜨면서……'

영상으로 진행되는 생물시간은 흥미로웠다. 앉을 의자만 있다면 조무래기들과 나란히 앉아 수업을 듣고 싶었다. 그러나 교실 안 책상마다 산더미처럼 책이 쌓여 있었다. 학교 재정이 여의치 않아 따로 사물함을 구비하지 못한 탓이라고 했다.

단동에 가다

가도 가도 끝없는 옥수수밭

 집안에서 단동으로 넘어가는 길은 험했다. 그동안 다닌 길 중에서 가장 아슬아슬한 길이었다. 그런데도 버스 기사는 빙판길을, 그물을 쳐둔 곳으로 물고기를 몰아가듯 휙휙 핸들을 꺾으며 콧노래까지 날렸다. 잔뜩 겁을 집어먹고 있는 사람은 나 혼자뿐이었다. 이미 몸에 밴 듯 여남은 승객들은 버스 기사의 운전 따위에는 눈길조차 주지 않았다. 나도 그 믿음을 간직하고 싶었다.
 압록강을 따라, 그것도 국경을 따라 남하하고 있어서 인가 또한 찾아보기 어려웠다. 작은 산을 넘으면 더 큰 산이 버티고 있었다. 그 산을 숨차게 기어오른 버스가 내리막길로 접어들 때였다. 지그재그로 허리를 튼 국도는 눈길로 이어졌는데, 강원도 정선을 쏙 빼닮은 길이었다.

간담이 서늘한 그 산길에서 무사히 내려오자 그제야 길 양편에 옥수수밭이 보였다. 지난해 여름 너는 벌써 반 시간이 지나도록 차창 밖 풍경이 바뀌지 않자 저 옥수수밭이 지겹다고 했던가. 나는 그때 한센인 시인 한하운을 떠올렸다. 소록도로 향하면서 노래한 그의 「全羅道길」을 잠시 패러디한다면, 집안에서 단동으로 이어지는 길은 가도 가도 끝없는 옥수수밭이었다.

엄살은 아니었던 모양이다. 길이 어찌나 험한지 단동에는 여섯 시간 만에 도착했다.

변경 도시

여행 도중 목적지에 닿으면 먼저 찾는 곳이 있다. 떠나고 돌아오는 역이다. 나는 이 역에서 방위를 잡고 답사지의 순서를 정하는데, 단동역은 조금 이색적이었다. 축구장 면적의 광장에는 모택동 동상이 서 있었다. 왜일까? 그 답을 구하고저 나는 광장을 오가는 행인들을 붙들었다. 그중 누군가 압록강과 변경을 꺼냈다. 그러니까 그의 말은 단동이 변경 지역이어서 모택동 동상을 세운 것 같다고 했다.

중국에서 모택동은 하늘과 맞먹는 우상이다. 단위의 높고 낮음을 떠나 중국 화폐에 가장 많이 등장하는 인물도 모택동이고, 중국의 수도 천안문 광장에 가면 오성기와 함께 그의 초상화가 대문짝만하게 걸려 있다. 어디 그뿐인가. 혁명가, 중화인민공화국 건국자, 중국 공산당 창립자, 대장정, 문화대혁명……. 그의 이름 앞뒤에 붙는 수식어만도 한두 개가 아니다.

그러고 보니 단동은 조·중 국경 중에서 가장 왕래가 잦은 곳이다. 두만강 도문의 국경이 관광객용이라면 신의주가 지척인 단동 국경은 장사꾼들(무역)의 왕래가 빈번하다. 한때 안동으로 불리다 1965년에 개명한 단동은 또 한반도에서 대륙으로 향하는 길목일 뿐 아니라 동북 3성의 관문이기도 하다.

지도를 펴 거리를 익힌 뒤 압록강 철교로 방향을 잡았다. 국경을 사이에 두고 있는 만큼 단동과 신의주는 언제든 손을 내밀면 악수를 나누는 일이 어렵지 않을 것 같았다. 그러나 철교를 보는 순간 내 상상들은 잘나처럼 사라져 버렸다. 둘의 사이가 아무리 좋더라도 변경은 변경일 수밖에 없었다. 만에 하나 유람선을 타라며 손목을 끄는 호객꾼이 없었다면, 영하 10도의 추위에도 아랑곳하지 않고 강에서 투망하는 사내를 목격하지 못했다면, 그리고 기념품 상점 유리창에 오려붙인 '조선상품 한국상품朝鮮商品 韓國商品'을 발견하지 못했다면 국경은 더 큰 무게로 나를 짓눌렀을지도 모른다.

　입장권을 끊어 압록강 철교를 걷는데 강바람이 거셌다. 다리가 끊긴 지점에 다다랐을 때는 정신이 아찔했다. 1950년 11월 8일 미군기의 폭격을 받아 끊긴 철교의 잔해를 꼭 붙들지 않는다면 강물 속으로 처박힐 것 같았다.
　정신을 차려 보니 교각만 덩그러니 남은 철교 위에서 기념품을 파는 아주머니가 졸고 있었다. 그 옆에 녹슨 자전거도 한 대 보였다. 창문을 꼭 여민 채 졸고 있어서 차마 말을 걸 수는 없었다. 다만, 자전거를 타고 끊긴 다리로 출퇴근하는 여자의 하루를 그려볼 수는 있었다.

압록강을 걸었다

　압록강 선착장을 벗어나자 인적이 뜸했다. 오른편으로는 압록강이 흐르고, 그 건너편이 신의주였다. 나에게 신의주는 잠시 거쳐 가는 지명으로 각인되어 있다. 역시 소년기에 본 3·1절과 8·15 특집극 영향이 컸다. 그 특집극들을 보면 열 편 중 아홉 편은 고향을 떠난 누구누구는 신의주를 거쳐 만주로 갔다고 했다.
　생각 많은 길에서 위화도威化島를 보았다. 고구려에 이어 고려의 등장인가?
　1388년(우왕 14) 고려에 반란이 있었다. 우왕 대代에 집권한 이인

단동에 가다 **227**

임을 비롯해 보수 귀족세력이 이성계, 최영 등의 무장 세력에 의해 제거되었다. 중국을 통일한 명나라는 그 무렵 철령 이북이 원나라의 영토였다는 이유로 고려에 반환을 요구했다. 이에 최영은 명나라와 맞서 싸우자 했고, 이성계는 당시 고려가 처한 현실을 감안해 4불가론四不可論을 내세웠다. 지금은 요동을 정벌할 시기가 아니라고 본 것이다. 하지만 우왕과 손을 잡은 최영은 이성계의 반대에도 불구하고 결행에 나섰다.

 이성계도 가만있지 않았다. 1388년 5월 원정군이 위화도에 이르렀을 때 이성계는 휘하 장병의 절대적인 지지와 조민수의 동의를 얻어 회군을 단행하는데, 그것이 바로 위화도 회군이다. 그러나 위화도를 사진으로 담기에는 날이 너무 흐렸다.

그때 명나라를 쳤어야 했다는 쪽과 이성계의 판단이 옳았다는 쪽으로 의견이 갈리는 위화도를 지나온 나는 잠시 걸음을 멈추었다. 위화도에서 호산장성 쪽으로 1km쯤 가다 보면 왼편에 마시도馬市島가 있다는 소리를 어디선가 주워들은 적이 있다. 그러나 말 시장이 섰다는 장소는, 지금은 가고 없는 옛 그림자일 뿐이었다. 살아 날뛰는 건 거센 바람뿐이었다.

오후 3시. 마음이 바빠졌다. 호산장성虎山長城 방향으로 길을 꺾자 한 시간가량 길동무를 했던 압록강이 멀어져갔다. 새로운 얼굴을 만나기 위해서는 어쩔 수 없는 일이었다.

중국인들은 단동의 호산장성이 북경에 있는 만리장성의 시발성始發城이라며 엉뚱한 주장을 하고 있으나 내가 보기에는 그 또한 동북아공정의 한 수단일 뿐이다. 그만큼 중국은 동북아공정을 발판으로 선수를 치는 데 있어서 이미 프로가 돼버렸다. 최근 들어 그들은 너무 황당한 주장을 한 나머지 슬그머니 꼬리를 빼 만리장성의 시발을 산해관 쪽으로 이동 중이다.

잔뜩 기대를 하고 달려간 일보로一步路 국경도 실망스럽기는 오십보백보였다. 한 걸음만 더 내디디면 북녘의 산하임에 틀림없으나

그곳에 서서 내가 추억할 수 있는 것은 아무것도 없었다. 몇 해 전만 하더라도 인삼, 녹용, 해산물 등 이북의 밀거래꾼들 덕에 국경 마을인 호산향 호산촌 주민들이 꽤 많은 돈을 벌었다는 풍문 정도였다.

스멀스멀 땅거미가 내려앉고 있었다. 돌아갈 길이 염려되었던 나는 매표원에게 단동으로 나가는 버스가 없느냐고 물었다. 마침 그가 매표소를 닫고 나와 자동차에 시동을 걸었다. 공짜로는 어려울 것 같아 지갑에서 10위안을 꺼냈으나 젠장, 쉰 초반의 사내는 10위안을 더 내라고 했다.

단동은 짬뽕이다

여행을 하다 보면 만주리나 목단강처럼 다음에 한 번 더 가보고 싶은 곳이 있는가 하면 이번 여행으로 족한 곳들도 있다. 단동이 그랬다. 먹거리로 표현하자면 짬뽕을 먹고 있는 기분이었다. 고구려를 시작으로 고려, 조선, 한국전쟁 등 우리와 뗄 수 없는 관계인데도 오히려 그것이 잠시 들러 요기하는 중화요리집의 짬뽕을 연상케 했다. 단동은 이미 옛 자취들을 말끔히 쓸어버린, 자본 제일주의 도시를 꿈꾸고 있었다.

간밤 민박집에서 심사가 뒤틀린 것도 실은 그 때문이었다. 막말로 아파트민박을 운영하는 조선족 주인장은 돈에 미쳐 있었다. 그는 그가 누구든 쩐만 두둑이 지녔다면 스물 살짜리 조선족 여자든 한족 여자든 원하는 대로 다리를 놓아줄 수 있다며 목청을 높였다. 정승 같은 돈이 어느 지점에서 천박함으로 이름을 달리하는지를 잘 알고 있는 나로서는 허허, 웃을 수밖에 없었다. 60위안을 아낀답시고 호텔에

서 민박으로 숙소를 옮긴 나 자신을 탓할 뿐이었다.

항미원조기념관抗美援朝記念館을 향해 가고 있으나 썩 내키는 걸음은 아니었다. 기념관이 있는 도원가桃源街로 접어들어서야 내키지 않은 마음을 탈탈 털어 버릴 수 있었는데, 말 그대로 항미원조란 중국이 보는 한국전쟁이다. 한국전쟁의 삼자인 중국은 지금까지도, 자신들이 한국전쟁에 참전한 이유는 미국이 중국 국경선까지 진격했기 때문이라는 주장을 굽히지 않고 있다. 이 말은 다시 말해 한국전쟁은 이남이북만의 전쟁이 아니었음을 암시하는 대목이기도 하다.

고래싸움에 새우등 터진다는 말도 있듯이 입장이 난처한 쪽은 다름 아닌 조선족이었다. 그도 그럴 것이 항미원조를 카드로 꺼내면 이남과 조선족 사이는 매우 껄끄러워진다. 한국에서는 6·25전쟁 당시 조선족을 남침 주력부대(6만 5000여 명)로 몰아붙이는 반면 조선족은 우리는 결코 조국의 통일을 가로막는 일을 하지 않았다고 주장하고 있는 것이다. 민족전쟁에 먼저 뛰어든 외세는 중국이 아니라 미국이었다는 것이다. 내가 단동을 짬뽕이라고 하는 것도 실은 그 때문이다. 내가 옳니 네가 그르니 하며 삿대질을 일삼는 한국전쟁 한가운데에 짬뽕이 놓여 있는 것이다.

총 12개의 전시실을 갖춘 항미원조기념관은 1958년에 건립되었다. 그동안 여러 차례 확장·보완을 거쳐 오늘에 이르고 있는데, 처음에는 '단동역사문물진열관'으로 간판을 내걸었었다.

전시실을 둘러보던 나는 초상화 앞에서 걸음을 멈추었다. 벽에는 레닌을 비롯해 마르크스, 스탈린, 모택동, 등소평 등 19세기 사회주의 혁명가들이 진을 치고 있었다. 지도상으로 보면 필시 이웃 나라의 인물들이었다. 도움을 받기도 했지만, 우리에게 굴욕을 안긴.

전시실을 둘러보고 밖으로 나오자 다시 몸이 움츠러들었다. 옷깃을 바싹 세운 뒤 기념탑 쪽으로 걸음을 옮기는데 신의주가 눈에 들어왔다. 어제 이어 오늘도 만주의 겨울 하늘은 초상집 분위기였다. '아침 해가 붉다'는 단동丹洞은 제 이름값을 하지 못한 채 잔뜩 흐려 있었다.

심양으로 떠나는 버스에 오를 때였다. 안내양이 생수를 내밀었다. 고속버스를 처음 타보는 나는 감사의 마음보다는 의문의 꼬리가 먼저였다. 승객 중 나만 받은 거라면 냉큼 돌려주고 싶었다.

고속버스가 출발하고 얼마쯤 지났을까. 짬뽕 도시 단동을 벗어났을 즈음 안내양은 친절한

금자 씨처럼 승객들에게 알약을 나눠줬다. 받아서 보니 멀미약이었다. 이모님이 이 사실을 알았다면 얼마나 좋아하실까. 아마도 이모님은 버스 타는 걸 겁내지 않았을 것이다.

터져 나오는 웃음을 꾹 눌러 참은 건 중간쯤에 앉아 있던 한 사내가 내리는 문 쪽으로 다가가 휘장을 쳤을 때다. 치마로 아랫도리를 가리듯 휘장을 친 그쪽에서 쏴아, 쏴아 뜨건 오줌발 소리가 참 리얼하게 들려왔다. 심양까지 3시간이 소요되는 고속버스는 그렇듯 내가 미처 생각하지 못한 화장실도 갖추고 있었다.

심양에서

　오후 3시경 심양에 도착한 나는 서탑으로 가는 시내버스 안에서 하루, 이틀, 사흘, 나흘……. 떠나온 날짜를 짚어보았다. 22일 전에 떠났던 곳으로 다시 돌아오니 그 감회가 새로웠다. 심양은 내 만주 여행의 출발지이자 귀착지였다.

서탑거리와 국밥집

　요녕성 성도인 심양은 동북지방에서는 가장 큰 도시다. '석양이 아름답다'라는 뜻을 가진 심양沈陽은 일제 때 봉천奉天으로 불리기도 했는데, 조선인의 발자취에는 몇 가지 떠도는 설이 있다. 1897년 대한제국 말기에 유인석이 이끄는 의병이 서간도에서 해체된 뒤 봉천으로 이주했다는 것과, 남편을 잃은 8명의 독립군 부인들이 독립군 자금을 마련하기 위해 서탑에 국밥집을 차리면서 조선인들의 상권이 시작되었다는 설이 그것이다.

　여기서 하나 눈여겨볼 대목은 소설가 함대훈이 「남북만주편답기」라는 제목으로 1939년 7월 『조광』에 발표한 짤막한 서탑기다.

　　서탑엔 조선인의 상점, 시장, 여관, 카페 등까지 있고 조선문자로 광고까지 써 있어 어떻게 고향에나 온 것처럼 반가웠다. 평안도 사투리도 들리고 경상도 사투리도 들린다. 누구나 붙들고 이야기라도 하고 싶다.

하지만 지금의 서탑거리는 마시고 즐기는 유흥일색이다. 이것도 일종의 만주 곳곳을 들쑤셔놓은 코리아타운의 여파라고 할 수 있는데 물론 비꼬자고 한 말은 아니다. 이렇게나마 서탑거리가 존재하는 것도 조선족이 흘린 피눈물의 대가임을 잘 알고 있기 때문이다. 아마도 그 노력들이 없었다면 어떻게 이 거리에 이남과 이북의 상점들이 들어설 수 있고, 남과 북에서 유행하는 노래들이 뒤섞여 흐르겠는가.

다행인 점은 그 같은 변화 속에서도 드문드문 옛 정취들이 남아 있다는 것이다. 고사리, 도라지, 김치, 고추절임, 무절임, 마늘절임, 약초……. '맛있는 멸치, 칼슘의 왕 1근 10元'라고 쓴 서툰 한글체를 보고 있으면 가슴 한 켠이 절로 따뜻해지는 것이다. 시장 좌판에 앉

수 나란히 꿩이 누워 있어서 가격을 물었더니 한 쌍에 15위안이라고 했다.

손수레에 투명 비닐을 씌운 뒤 그 안에 과일을 넣어두고 파는 거리의 과일점도 퍽 인상적이었다. 비슷비슷한 털모자에, 하얀 마스크, 목도리를 두르고 서 있는 아주머니들을 지켜보던 나는 그만 웃음을 쏟고 말았다. 군용 방한복을 걸친 아주머니들의 복장은 싱싱한 과일과 전혀 어울리지 않는, 내 눈에 그들은 파견 나온 늙은 여군처럼 보였다.

흐뭇한 풍경 속에는 가슴 아픈 풍경도 있었다. 마흔이나 되었을까. 엄마로 보이는 한 여자가 영하의 날씨에도 아랑곳하지 않고 예닐곱 살 난 사내아이를 질질 끌고 다니며 구걸하고 있었다. 시장 아주머니들은 당신이 한국인이라는 것을 알고 따라다닌다며 대꾸하지 말라고 일렀지만 더는 피할 수 없었다.

서탑거리는 공중전화 카드를 파는 아주머니들이 수시로 눈에 띄었다. 그냥 지나쳐갈까 하다 여쭸더니 30위안짜리를 팔면 2위안, 50위안짜리를 팔면 3위안, 100위안짜리를 팔면 5위안이 남는다고 했다. 두 해 전이었다. 선원 연수생으로 한국에 온 톈진 출신 까우훙치앙을 만난 적이 있다. 취재차 찾아간 죽변항 부근 술집에서 그는 술잔을 기울이다 말고 공중전화 카드를 내보였다.

"아마 한국 사람들은 잘 모를 겁니다, 이주노동자들에게 가장 행복한 장소는 공중전화 박스라는 걸! 우리는 그 시간에 부모님과 형제들의 목소리를 듣고, 그동안 집에 무슨 일이 있었는지를 알게 됩니다. 물론 매일 할 수는 없습니다. 1만 원짜리 전화카드를 사면 식구들의 목소리를 30분 정도 들을 수 있는데, 한 장으로 보름동안 들으려면 아껴야 합니다. 가족들의 목소리를 한꺼번에 다 들었다가는 나중에 병이 나기 때문입니다."

내가 꼭 그랬었다. 집을 떠나와 만주를 떠돌다보니 공중전화가 있는 곳으로 눈이 먼저 갔다. 그리고 까우홍치앙의 말처럼 공중전화 카드를 구입하면 망설이는 시간이 길어졌다.

해가 저무는 서탑거리를 빠져나오는데 누군가 내 발목을 잡았다. 직업은 속일 수 없다더니 나를 두고 하는 말 같았다. 빈 페인트 통에 장작불을 지핀 수선공은 부지런히 손을 놀리고 있었다.

"날씨가 보통이 아닌데 수선은 많이 하셨나요?"

"그럭저럭……. 겨울에는 많지 않아."

"한 켤레 닦으면 얼마씩이나 받으시는데요?"

"닦기만 하면 3위안. 그나마 요즘은 말장화(부츠) 덕을 많이 보는 편이야. 말장화는 닦아만 줘도 5위안을 받거든."

조선의 11·17과 만주의 9·18

우리에게 치욕의 '을사늑약'이 있다면 중국에는 '만주 9·18'이 있다. 1931년 9월 18일, 일본 관동군은 의도적으로 만철滿鐵 선로를 폭파한 주범을 장학량張學良 정규군의 소행이라고 뒤집어씌운 뒤 군사행동에 들어갔다. 그처럼 일본군의 만주점령 작전은 매우 주도면밀한 가운데 이뤄졌다. 겨우 닷새 만에 요동과 길림성을 장악한 관동군은 이어 11월에는 동북3성 전역을 장악했고, 마침내 그들은 이듬해 3월 1일 만주국을 세웠다.

마지막 남은 하루를 어떻게 보낼까 하고 망설이던 나는 숙소를 나와 9·18기념관으로 향했다. 지난해 여름 딸과 함께 보았던 '9·18 만주사변을 잊지 말자勿忘九一八'는 표어가 그곳에도 역시 출입문 벽에 큼직하게 새겨져 있다. 순간 나는 우리도 '잊지 말자 6·25'를, '잊지 말자 11·17을사늑약'으로 바꿨으면 했다. 제 민족, 제 형제끼리 총부리를 겨눠놓고서 무얼 잊지 말자는 것인지 얼른 납득이 되지 않았다. '아, 잊지 말자 6·25!' 너무 부끄러운 구호 아닌가?

조선의 을사늑약과 청나라의 9·18사변은 두 나라 모두 일본에 의해 치욕을 당했다는 점에서 동병상련의 공통분모를 갖고 있다. 하루 이틀 당한 게 아니고 너무 오랜 시간동안 주권과 국

권을 빼앗긴 것이다. 그 답은 도마 안중근에게서 쉽게 찾을 수 있다. 도마는 1905년 11월 9일 이토 히로부미가 서울에 왔다는 것을 이미 알았고, 다음날 "짐이 동양평화를 유지하기 위하여 대사를 특파하노니 대사의 지휘를 일종하여 조치하라"는 내용의 일왕 친서로 고종을 위협한 사실 또한 알고 있었다. 그러니까 도마는 그날 그 시각부터 이토 히로부미를 척결 제1호로 겨냥한 셈이었다.

옛 봉천경찰서

9·18기념관에서 심양 고궁으로 향하던 나는 옛 봉천경찰서를 찾아보기로 했다. 심양 중심가에 위치한 그곳은 지금도 경찰서로 사용하고 있었다. 비록 악명 높은 곳이었지만 반가운 마음은 어쩔 수 없었다. 사람의 마음이 이렇다. 간사하고 또 간사하다. 일제의 잔재청산에 동의했다가도 막상 독립군의 자취를 좇아 만주를 떠돌 때는 그 잔재들이 남아 있기를 바라는 것이다.

겨울 고궁을 거닐며

고구려가 집안 국내성에서 평양으로 도읍을 옮겼던 것처럼 청나라의 옛 수도인 심양도 그와 같은 시절이 있었다. 1644년 북경으로 천도하기까지 청나라의 태조와 태종은 심양을 도읍으로 삼았다. 사무치는 것은 그들이 머물렀던 황궁에 조선의 소현세자가 볼모로 잡혀와 무려 8년 동안을 갇혀 지냈다는 사실이다.

그 같은 슬픈 역사만 없다면 심양 고궁은 북경의 자금성보다 아담하고 아늑한 곳이었다. 저 건물들만 걷어내면 고궁이 공원으로 바뀌는 건 시간문제인 듯해서 여기저기 궁전을 기웃거리기보다는 그저 걷고 싶었다.

후미진 계단에 앉아 담배를 피워 문 나는 '봉천 개장수'를 떠올렸다. 오래 된 일이긴 하지만 나는 왕년의 배우 박노식을 잊을 수 없다. 독립군을 다룬 영화에서 그는 맡아놓은 단골처럼 봉천 개장수로 출연했었다. 아, 그의 그 능청맞은 익살을 누군들 따라할 수 있으랴! 물론 그에게도 말 못할 사연은 있었다. 막걸리만 마시고 사는 사람처럼 갖은 의뭉을 떨어가며 개를 팔다가도 그가 간간이 샛길로 빠지는 이유는 필시 그곳에 일경의 흐름이나 독립자금을 필요로 하는 사내가 기다리고 있었던 것이다.

옛 봉천, 심양이 바로 그 유서 깊은 곳이다. 국밥집에 이어 봉천 개장수들도 개를 팔아 생계를 꾸리고 독립자금을 보태는 일석이조의 삶을 살았던 것인데, 듣는 이에 따라 거북할 수도 있는 '봉천 개장수'는 결코 꺾이지 않는 조선인의 의지요, 독립군의 상징이었다.

이곳 심양을 거쳐 간 사람 중에는 이육사도 있다. 1933년 4월 조선혁명군사정치간부학교를 졸업한 육사는 7월경 국내에 잠입했다가 이듬해 3월에 체포되는데, 그가 지향한 혁명은 민족과 공산을 뛰어넘는 세계혁명이었다. 제 조국의 핍박만이 전부가 아닌, 제국의 말발굽 아래서 신음하는 모든 식민지 국가들은 동지이자 혁명의 주체였다. 당시의 시대를 살아가는 청년들은 그처럼, 그 같은 이상과 그 같은 사상을 품고 있었다.

육사도 나만큼이나 만주의 겨울을 좋아했던 것일까. 눈이 하얗게 내리는 겨울이면 그는 중국에 가고 싶어 안달이었다고 한다. 실제 그는 주변 사람들의 만류에도 불구하고 병중에 북경을 간 적이 있었다. 1944년 1월 숨을 거둔 곳도 바로 그곳이었다.

이제 떠나온 곳으로 돌아가야 할 시간이다. 이곳을 다녀간 흔적으로 육사의 「절정絶頂」을 남겨둘까 한다.

    매운 계절季節의 채쭉에 갈겨
    마츰내 북방北方으로 휩쓸려오다.

    하늘도 그만 지쳐 끝난 고원高原
    서리빨 칼날진 그 우에 서다.

어데다 무릎을 꿇어야 하나
한 발 재겨 디딜 곳조차 없다.
이러매 눈 감아 생각해 볼밖에
겨울은 강철로 된 무지갠가 보다.

참고도서

「동북 항일운동 유적답사기」, 강룡권, 연변인민출판사
「조선의용군사」, 최강, 연변인민출판사
「세월 속의 중국 조선민족」, 윤광수, 연변인민출판사
「동북 조선족 거주지역 지명 전설」, 리용득, 연변인민출판사
「연변 인민 항일투쟁사」, 최성춘, 민족출판사
「일제강점기 조선족 이민문학」, 장춘식, 민족출판사
「이 땅에 피 뿌린 겨레 장병들(항일편)」, 리광인·림선옥, 민족출판사
「할빈시 조선민족 백년사화」, 서명훈, 민족출판사
「눈물 젖은 두만강」, 최홍일, 민족출판사
「만주 아리랑」, 류연산, 돌베개
「일제 식민통치 연구」, 강창일 외, 백산서당
「일제 식민지배와 일상생활」, 연세대학교 국학연구원, 혜안
「만주지역 민족운동과 한국」, 한국민족운동사학회, 국학자료원
「근대 동아시아와 일본 제국주의」, 김영호, 한밭
「우리에게 다가온 조선족은 누구인가」, 임계순, 현암사
「동북아시대와 조선족」, 이승률, 박영사
「일제말기 문인들의 만주 체험」, 민족문제연구소, 역락
「만주 오천년을 가다」, 박혁문, 정보와 사람
「중국 문학기행」, 허세욱, 학고재
「독립전쟁이 사라진다 1·2」, 이원규, 자작나무
「신간도 견문록」, 박진관, 예문서원
「간도에서 대마도까지」, 임채정 외, 동아일보사
「주덕해」, 강창록 외, 실천문학
「저우언라이 평전」, 바르바라 바르누앙 외, 베리타스북스
「열하일기」, 박지원, 솔

사라지는 발자취를 찾아 떠나는 여행 **만주를 가다**

초판 1쇄 | 2008년 7월 31일 | **초판 3쇄** | 2011년 10월 28일
글쓴이 | 박영희 | **펴낸이** | 김영숙 | **편집** | 엄기수 · 박지연 · 노윤영
펴낸곳 | 도서출판 삶이 보이는 창 | **출판등록** | 2011년 11월 30일 | 제2010-000168호
주소 | 서울시 영등포구 영등포동 2가 94-141 동아빌딩 402호 | 150-901
전화 | 02-848-3097 | **팩스** | 02-848-3094 | **홈페이지** | www.samchang.or.kr
ⓒ 박영희, 2008 | ISBN 978-89-90492-60-9 03810

이 책 내용의 전부 또는 일부를 재사용하려면 반드시 저작권자와 삶이 보이는 창 양쪽의 동의를 받아야 합니다.
책값은 뒤표지에 표시되어 있습니다.